언어의 이해

언어의 이해

Understanding of language

천호재 지음

어문학사

머리말

　본서는 대학에서 교양과목인 언어학을 강의하기 위해 만든 것이다. 필자가 2000년도에 대학에 들어와서 지금까지 나름대로 최선을 다해 새내기들에게 언어학을 가르쳐 보았지만, 수업의 만족도나 이해도는 항상 기대 이하인 적이 많았다. 그 이유로 대략 두 가지를 들 수 있는데, 하나는 종래의 언어학 관련 교재의 분량이 지나치게 많다는 것이고, 다른 하나는 내용이 지나치게 세부적이라는 것이다. 가르칠 분량이 많다 보니 수업을 진행하는 데에 여유를 가지기가 어렵고, 학생들 또한 강의 초기부터 학습에 대한 심적 부담을 느끼는 경우가 많았다. 또한, 지나치게 세부적으로 서술되어 있다 보니 학생들이 내용을 이해하기 어려운 경우가 많았다.

　이에 필자는 많은 양의 내용을 세부적으로 샅샅이 가르치자는 욕심을 버리고, 학생들이 가급적 부담을 덜 느끼도록 내용에 대한 이해도를 높여보자는 취지에서 직접 언어학 관련 교재를 집필해 보고자 마음을 먹었다. 그렇게 마음을 먹은 지 3년이 지나 오늘에 이르러 이렇게 교재를 출간하였다. 집필 과정에서 무엇을 취하고 무엇을 버릴지, 내용을 어디까지 서술할지를 정하기가 쉽지 않았다. 그러한 고민을 겪으면서 필자는 결과적으로 종래의 교재에 비해 많지도 적지도 않은 분량을 취할 수 있었으며, 가르쳐야 할 내용 또한 세부적으로 기술하는 것을 피하고, 될 수 있으면 기본적인 키워드에 대한 단순 이해를 도모하는 형태로 기술하는 방식을 취했다.

교양과목으로 언어학을 배우면 외국어를 유창하게 구사하는 데 도움이 될 것으로 생각하는 사람이 많을 것이다. 그러나 본서뿐만 아니라 다른 언어학 관련 서적을 아무리 읽어도 언어학이 그러한 실리를 직접 제공해 주기는 어려울 것이라 필자는 단언한다. 언어학은 외국어 학습을 위한 학문이 아니라 언어의 본질을 탐구하는 학문이기 때문이다. 그렇다면 왜 언어의 본질을 이해해야 하는가 하는 의문이 생길 것이다. 결론을 말하면 언어의 본질을 이해함으로써 우리 인간의 지적 능력을 높이기 위해서이다. 구체적으로 말하면 인류의 의식 속에 존재하는 한국어를 비롯한 인간 언어의 보편적(또는 상대적) 특질을 이해해 보자는 것이다.

언어학은 외국어 학습과는 비교가 안 될 정도로 스케일이 큰 학문으로서 고도의 정신적 작용을 하도록 도움을 줄 수 있다는 사실을 인식할 필요가 있다. 대부분 대학에서 새내기 무렵부터 언어학을 교양과목으로 지정한 것은 바로 대학 관계자들이 이러한 언어학의 역할을 잘 이해하기 때문이라 생각한다.

본서는 언어학 입문서로 심도 있게 언어학을 탐구하고자 하는 사람에게는 그리 적합하지 않을지도 모른다. 그러나 언어학을 통해 교양을 가지고자 하는 일반인이나 학생들 그리고 다양한 언어에 관심이 많은 일반인, 학생, 과중한 학습 부담을 덜고 기본적인 레벨에서 언어학을 부담 없이 가르쳐 보고자 하는 교사나 교수(강사)에게는 본서가 매우 유용할 것이라 확신한다.

15주 강의에서 일주일에 1장씩 진도를 나갈 수 있도록 필자 나름대로 계산을 하여 총 14장으로 본서를 구성하였다. 장마다 키워드를 넣어 기본적으로 알아야 할 내용을 예고하였으며, 내용의 세부적인 기술은 가급적 피했다. 내용에 관련된 사진이나 그림은 꼭 필요하다고 생각되는 경우에만 배치하였다. 강의하면서 교재 내용에 관련된 사진과 그림은 인터넷에서 얼마든지 찾을 수 있기 때문이다. 그리고 각 장 말미에 연습문제를 배치하였는데, 그것은 본서의 이해를 돕고자 하는 의도도 있지만, 리포트로 활용되었으면 하는 바람도 있다.

본서가 세상에 나오기까지 많은 우여곡절이 있었다. 세상은 내가 연구자라고 해서 편안하게 책을 쓸 수 있도록 돌아가 주지 않았다. 본서는 내 인생에서 가장 암울하고 절망적인 시기에 쓰인 마치 한 줄기 빛 같은 존재로 세상에 나왔다고 해도 과언이 아니다.

본서가 세상에 얼굴을 내밀 수 있도록 해 주신 어문학사 윤석전 사장님께 감사드린다. 그리고 원고의 정리에서 편집, 제본에 이르기까지 많은 수고를 해 주신 편집부와 표지 제작에 애써 주신 박희경 님에게 심심한 감사를 표한다.

2013. 08.

천호재

차례

제1장 언어의 특징과 기능

우리는 일상생활에서 언어(language)를 떠나서는 살 수 없다. 누군가와 말을 하든, 아니면 책을 읽든, 뉴스를 보든, 글을 쓰든 그 모든 행위는 언어를 매개로 하여 이루어지기 때문이다. 언어는 모든 생물 중에서 오로지 인간에게만 주어진 고도로 복잡하고 추상적인 정신적 산물이라고 할 수 있다. 인간이 사용하는 언어를 연구하는 학문 분야를 언어학(linguistics)이라고 하며, 언어학은 주로 언어학자(linguist)라는 전문가가 연구한다.

제1장의 키워드

　　언어(language), 언어학(linguistics), 언어학자(linguist), 기호(sign), 기호 표현(시니피앙, signifiant), 기호 내용(시니피에, signifié), 자의성(恣意性, arbitrariness), 음성상징(sound symbolism), 의성어·의태어(onomatopoeia), 선조성(線條性, linearity), 분절성(articulateness), 제1차 분절(first articulation), 제2차 분절(second articulation), 이중 분절(double articulation), 결합적 관계(syntagmatic relation), 계열적 관계(paradigmatic relation), 생산성(productivity), 창조성(creativity), 귀환성(recursiveness), 속담(proverb), 관용구(idiom), 정식성(定式性, formula), 경제성(economy), 잉여성(redundancy), 감정 표출 기능(emotive function), 지시적 기능(referential function), 능동적 기능(conative function), 시적 기능(poetic function), 교감적 기능(phatic function), 메타언어적 기능(metalinguistic function), 리듬(rhythm), 두운(頭韻, alliteration), 운(韻, rhyme)

1.1 기호와 언어

우리는 일상생활에서 언어(language)를 떠나서는 살 수 없다. 누군가와 말을 하든, 아니면 책을 읽든, 뉴스를 보든, 글을 쓰든 그 모든 행위는 언어를 매개로 하여 이루어지기 때문이다. 언어는 모든 생물 중에서 오로지 인간에게만 주어진 고도로 복잡하고 추상적인 정신적 산물이라고 할 수 있다. 인간이 사용하는 언어를 연구하는 학문 분야를 언어학(linguistics)이라고 하며, 언어학은 주로 언어학자(linguist)라는 전문가가 연구한다.

일반적으로 언어를 말할 때, 언어는 기호의 일종으로 간주된다. 이 생각은 스위스의 언어학자인 소쉬르(F.de Saussure)에서 비롯되었다.

우선 기호부터 살펴보면 일기예보에서 다음의 그림 '☂'은 일반적으로 비가 온다는 것을 나타내는 기호이다. 이와 같이 인간이 지각 가능한 의미 내용을 나타내기 위해서 사용되는 형식을 기호(sign)라고 한다. 기호는 위의 우산 그림뿐만 아니라 지도에 나오는 표시(예를 들어 '♨'), 당구장을 표시하는 '※'나, 교통 신호등 색, 화장실 표시, '♬'와 같은 음표 등도 기호라고 할 수 있다.

기호는 시각이나 청각으로 인식이 가능한 측면과 함께 내용적인 측면도 동시에 내포한다. 전자를 기호 표현(시니피앙, signifiant)이라고 하고 후자의 내용적인 측면, 즉 의미적인 측면을 기호 내용(시니피에, signifié)이라고 한다. 예를 들어 '교통 신호등'으로 말하자면 '파란 신호등'은 전자의 기호 표현에 해당하며, '파란 신호등'의 의미 '건너가시오'는 기호 내용에 해당한다고 할 수 있다.

이러한 점에서 언어도 기호의 일종이라고 할 수 있다. 왜냐하면 언어 역시 표현적인 측면과 의미적인 측면을 동시에 지니기 때문이다. 예를 들어 '어제 사랑하는 사람과 저녁 식사를 했습니다'라는 문장은 표현적인 측면(음성적인 측면〔문자적인 측면, 수화적인 측면〕)과 의미적인 측면을 동시에 내포한다.

그러나 언어는 일반적인 기호와 구별되는 몇 가지 특징이 있는데, 우선 언어는 기호보다 훨씬 복잡하다. 그리고 기호는 '♨'나 '☎', '☼'에서 보듯 기호와 내용과의 필연적인 관계가 인정되는 반면에, '해'와 '☼'에서 보듯 언어는 내용과의 직접적인 관계가 인정되지 않는다. 이를 언어의 자의성(恣意性)이라고 하는데, 구체적으로 '1.2'에서 상술하도록 하겠다. 이하의 절에서 언급하겠지만, 언어는 분절을 형성하고, 일정한 구조를 지니며, 생산적이고, 경제성을 지녔으며, 통합 관계와 연합 관계를 형성하고, 랑그와 파롤적 측면 등과 같은 다양한 특징을 지닌다는 점에서 순수한 기호와 구별된다. 이러한 언어의 특징은 언어 고유의 특징이라고 할 수 있는데, 이하에서는 이들 몇 가지 언어의 중요한 특징에 대해서 설명하도록 하겠다.

1.2 언어의 자의성

'1.1'에서 언급한 바와 같이 일반적인 기호와 언어의 차이점은 언어가 그 형식(음성)과 내용이 아무런 연관을 지니지 않는다는 데에 있다. 그러면 이러한 언어의 특징을 뒷받침하는 몇 가지 예를 들어 보도록 하자.

우선 첫째로 언어의 형식이 내용과 연관을 지닌다면 예를 들어 '☽'이 '달'로 불리는 필연적인 이유가 있어야 한다. '☽'은 '달'이 아니라 '둘', '딜', '돌'로도 읽힐 수 있을 것인데, 왜 '☽'이 '달'인지 그 이유를 설명할 수 없다. 이것은 언어의 형식과 내용이 아무런 상관관계가 없다는 것을 말해 주는 것이다.

둘째, 언어의 형식이 내용과 필연적인 관계를 지니는 것이라면 예를 들어 '눈(雪)'이라는 단어는 언어를 초월하여 '〔nuːn〕'으로 발음되어야 한다. 그러나 영어에서는 'snow〔snou〕', 프랑스어에서는 'neige〔nɛːʒ〕', 독일어에서는 'Schnee〔ʃneː〕', 일본어에서는 '雪〔yuki〕'라고 발음된다.[1] 따라서 이들 예는 언어의 형식과 내용이 필연적인 관계가 아님을 보여 주는 결정적인 예라고 할 수 있다.

마지막으로 만약 언어의 형식이 내용과 필연적인 관계로 이루어진 것이라면 역사적으로 언어 형식이 변화하는 것을 설명할 수 없다. 예를 들면 오늘날의 '아이'라는 명사는 조선 시대에도 '아이'여야 하지만 실제로는 '아해'이다. 만약 언어의 형식과 내용이 필연적이라면 이러한 변화를 허용해서는 안 된다.

이상과 같이 언어의 형식과 내용이 보여주는 이러한 관계를 언어학에서는 자의성(恣意性, arbitrariness)이라고 부른다.

그런데 언어 형식의 자의성을 부정하는 것으로 음성상징(sound symbolism)과 의성어·의태어(onomatopeia)가 있다. 음성상징이란 특정 단어의 소리와 실제 내용이 밀접한 관계를 지니는 현상을 말하는데, 예를 들면 영어의 'grudge, grumble, grunt, grouch'와 같이 'gr-'로 시작되는 단어에는 불평이나 원망을 의미하는 경우가 많고, 'bump, dump, thumb, stamp(밟다)'와 같이 '-mp'로 끝을 맺는 단어는 무거운 물건이 둔탁한 소리를 내면서 떨어지는 것을 나타내는 것이 많다. 그러나 'grub(쥐다), ground(지면)' 등의 단어는 'gr-'로 시작되지만 '불평'이나 '원망'의 의미는 없다. 또한 'jump, camp'에서 보듯 '-mp'로 끝을 맺는 단어가 반드시 무거운 물건이 떨어지는 의미를 나타내는 것은 아니라는 것을 볼 수 있다.[2]

한편 자연계의 소리를 모방하거나 혹은 그것을 상징적으로 재현하는 의성어·의태어(onomatopeia)도 언어 형식의 자의성을 부정하는 것처럼 보인다. 예를 들어 '야옹'은 고양이 울음소리를 재현한 의성어라는 점에서 어느 정도 자의성을 부정하는 것처럼 보이지만, 그러나 '고양이'가 반드시 '야옹' 하며 우는 것은 아니다. 사람에 따라 '냐, 냐'로도 들리고 '냐옹'으로도 들린다. 이처럼 의성어는 내용물이 실제로 내는 소리를 정확하게 표시한 것이 아니라는 것을 알 수 있다. 또한, 언어에 따라서 같은 소리도 차이를 보인다. 한국어에서는 기침 소리가 '에, 에, 에취'이지만, 일본어에서는 '하, 하, 하쿠숑'이다.

한 가지 안타까운 것은 언어의 이러한 자의성이 외국어의 습득을 크게 방해하는 요소라는 것이다. 자의적이 아니라면 그만큼 외국어 습득이 한층 더 쉬울 것인데 말이다.

1.3 언어의 선조성과 분절

언어가 일반적 기호와 구별되는 또 다른 특징은 언어는 선조성(線條性, linearity)과 분절성(articulateness)을 지닌다는 것이다. 전자의 선조성이란 언어 형식(발화, 음성언어)이 한 번에 청자에게 전달되는 것이 아니라 시간의 흐름에 따라서 하나씩 하나씩 나란히 나오는 것을 말한다. 예를 들어 '어제 따스한 오후의 햇살을 받으면서 여자친구와 즐거운 한때를 보냈습니다'라는 문장을 발화했다고 한다면 이 발화를 구성하는 예를 들어 '어제'나 '여자친구', '보냈습니다' 등의 요소는 제각각 시간적인 차이를 보이며 나열된 것이다. 즉 '어제'는 '여자친구'보다 시간적으로 먼저 발화되었고, 반대로 '여자친구'는 '어제'보다 시간적으로 늦게 발화된 것이다. 그러나 이 발화가 글로 쓰인 문장이라고 한다면 전혀 선조적이지 않다고 할 수 있다.

　그 다음으로 분절성(articulateness)이다. 분절성이란 언어는 그 전체가 한 덩어리의 분리 불가능한 연속체가 아니라 복수의 단위로 분리될 수 있는 연속체를 이루는 것을 말한다. 예를 들어 'John likes Mary'라는 발화는 언뜻 들으면 한 덩어리의 문장으로 들리지만, 그러나 이 발화는 원어민이라면 누구라도 직관적으로 'John, likes, Mary'라는 단어로 분리할 수 있으며, 이처럼 분리가 가능한 단어가 결합하여 발화가 성립해 있음을 알 것이다. 이와 같이 발화나 문장은 의미를 지닌 복수의 단어로 분리할 수 있는데, 이것을 언어의 제1차 분절(first articulation)이라고 한다. 그런데 1차 분절에 더해서 단어는 더 작은 음성이나 문자로 분절되는 것을 볼 수 있다. 예를 들어 'love'는 [l-ʌ-v]라는 세 개의 음성 단위 혹은 [l-o-v-e]라는 네 개의 문자 단위로 분절된다. 이를 언어학에서는 언어의 제2차 분절(second articulation)이라고 한다. 제2차 분절은 한자를 제외하고 그 자체 의미를 지니지 않는다는 점에서 제1차 분절과는 구별된다. 이와 같이 언어는 제1차 분절과 제2

차 분절로 분리가 가능한데, 이를 언어의 이중 분절(double articulation)
이라고 한다.

언어의 선조성이나 분절성은 모두 언어의 경제성과 창조성을 기반
으로 하는 성질을 지시하는 것으로 이들 성질은 언어가 일반적인 기
호와는 구별되는 인간 언어의 중요한 특징임을 말해 주는 것이라 하
겠다.

1.4 통합 관계와 연합 관계

언어(형식)가 일반 기호와 구별되는 또 다른 특징은 언어가 결합적
관계와 계열적 관계를 형성하면서 존재한다는 데에 있다. 전자의 결합
적 관계(syntagmatic relation)란 두 개 이상의 언어 형식이 나열되어 보
다 더 큰 단위를 만드는 관계를 말한다. 아래의 예를 보도록 하자.

cloud/klaud/ → /k/+/l/+/a/+/u/+/d/[3)]

unkindness → un[접두사]+kind[어기]+ness[접미사][3)]

John likes Mary → John+likes+Mary

위의 'cloud'를 구성하는 음소 /k/, /l/, /a/, /u/, /d/ 사이의 관
계는 결합적이다. 'unkindness'를 구성하는 접두사, 어기, 접미사 사
이의 관계도 결합적이며, 'John likes Mary'라는 문장을 구성하는
'John, likes, Mary' 사이의 관계도 역시 결합적이다. 각각의 음소들
이 나열되어 'cloud', '접두사, 어기, 접미사'가 나열되어 'unkindness'

가 그리고 각 단어가 나열되어 'John likes Mary'라는 보다 더 큰 단위가 만들어지기 때문이다.

한편 계열적 관계(paradigmatic relation)란 두 개 이상의 언어 형식이 서로 배타적·선택적으로 놓인 관계를 말한다. 예를 들어 'top, fop, hop, lop, mop, pop, sop'에서 밑줄 친 음소는 계열적 관계에 놓여 있다.[4] 각각 다른 음소의 선택에 의해서 특정 단어가 다른 단어와 의미상으로 구별되는 배타적 의미 관계를 지니기 때문이다. 'He ate a red apple'이라는 문장에서 'He' 대신에 'She, Mary, Mother, Teacher'를 넣을 수도 있는데, 이들 언어 형식(대명사, 명사) 역시 선택적·배타적 관계에 놓여 있다.

결합적 관계와 계열적 관계라는 개념의 이해가 중요한 것은 모든 언어에서 올바른 단어와 문법, 의미가 올바른 결합적 관계와 계열적 관계를 통해서 성립되기 때문이다. 따라서 특정 언어의 연구나 언어 학습을 위해서는 특정 언어에서 적법하다고 여겨지는 결합적 관계와 계열적 관계를 철저하게 학습해 두어야 하는 것은 두말할 여지가 없다.

1.5 언어의 생산성과 정식성

언어가 일반 기호와 구별되는 다른 점은 언어가 생산성과 정식성을 지닌다는 데에 있다. 먼저 생산성(productivity)이란 화자가 알고 있는 유한개의 언어 지식을 조합하여 화자가 지금까지 들은 적이 없고 말한 적도 없는 문장을 생성해 낼 수 있는 것을 말한다. 반대로 청자도 자신이 들은 적도 없는 문장을 자신이 알고 있는 언어 지식을 조합하여 내용을 이해할 수 있다. 이것은 유한개의 음표로 무한한 곡이 만들어지는 것과 같은 이치로 생각할 수 있다. 만약 언어의 생산성이란 특징이 처음부터 존재하지 않았다면 우리는 타인과 소통하는 것이 원초적으로 불가능했을 것이다. 이러한 언어의 특성은 언어가 무한의 새로운 문장을 만들어 낼 수 있는 즉 창조성(creativity)을 지니기 때문이며, 나아가 언어의 사용에 규칙이 관여하고 있다는 것을 말해 주기도 한다. 언어의 생산성은 귀환성(recursiveness)에 의해서도 그 존재가 뒷받침된다. 귀환성이란, 아래의 예에서 보듯 동일한 구문이 한 문장 안에서 반복적으로 나타나는 것을 말한다.[5]

This is the house.

This is the house that John built.

This is the malt that lay in the house that John built.

This is the rat that ate the malt that lay in the house that John built.

이러한 언어의 특징을 고려하면 언어는 비생산적인 특성과는 무관한 것처럼 보이지만, 그러나 실제로 언어는 고정적인 측면, 즉 비생산적인 특성도 지닌다. 예를 들면 일상생활 속에서 아는 사람들을 만나면서 나누는 인사말이나 속담(proverb), 관용구(idiom) 등의 관습적인 고정된 표현 형식을 들 수 있는데 이들 형식은 언어의 정식성(定式性, formula)을 보여 주는 전형적인 예들이다. 이들 표현 형식은 암기의 형태로 습득되며 이구동성의 형태로 사용된다.

Good morning, Good afternoon, Good evening. (인사말)

Power is dangerous unless you have humility. (속담)

break out, break through. (관용구〔숙어〕)

1.6 언어의 경제성과 잉여성

언어의 또 다른 특징은 경제성과 잉여성이다. 먼저 언어에서 경제성(economy)이란 보다 적은 노력으로 효율적인 전달을 꾀하고자 하는 것이다. 이러한 경제성은 다양한 레벨에서 나타나는데, 'Have you ever seen the movie?'라는 질문에 'Yes, I have seen the movie.'라고 대답하지 않고 'Yes, I have'라고 일반적으로 대답하는 것은 바로 언어의 경제성이 작용한 결과라고 할 수 있다. 그리고 'You be quiet'라고 하지 않고 'Be quiet'라고 한다든지 'His car was towed by the policeman'이라고 하지 않고 'His car was towed'라고 한다든지, 나아가 'Mary wants to begin to play the piano, and Betty wants to begin to play the guitar'라고 하지 않고 'Mary wants to begin to play the piano, and Betty the guitar'라고 하는 것은 모두 경제성이 작용한 결과로 생각할 수 있다. 그리고 한국어에서 '신라'를 '실라'로, '독립'을 '동닙'으로 읽는 것도 발음의 편의를 위한 경제성으로 설명할 수 있다.

그러나 언어가 무조건 경제성이란 특징을 지니느냐 하면 반드시 그렇지도 않다. 예를 들어 영어의 지시사 체계는 2항 대립(this-that)의 형식을 취하지만, 한국어(이것-그것-저것)나 일본어(これ-それ-あれ)에

서는 3항 대립의 형식을 취한다. 이러한 점에서 보면 한국어나 일본어는 영어에 비해서 덜 경제적이라고 할 수 있다. 그리고 영어에서는 주어가 3인칭 단수일 때는 'My mother works at a bank'에서 보듯 동사 어미에 's'라는 여분의 요소가 결합되며, 복수형 'these, those'를 단수형 'this, that'과 구별하거나 한다. 그리고 'Those cars are very expensive'에서 보듯 '복수'라는 하나의 정보가 'those, cars, are'과 같이 무려 세 개의 단어에서 나타나는 것을 볼 수 있다. 이와 같이 하나 이상의 체계가 존재한다든지, 혹은 하나의 정보를 전달하는 데에 두 가지 이상의 언어 형식이 사용되는 언어 현상을 언어의 잉여성(redundancy)이라고 한다. 이러한 언어의 잉여성은 얼핏 무용한 것처럼 보이지만 화자와 청자의 의사소통을 보다 명확하게 전달이 된다는 점에서 그 존재 가치가 인정된다.

1.7 언어의 기능

기능(機能, function)이라는 말은 어떤 사물(사람, 생물)이 지니는 고유한 역할이나 작용을 말한다. 따라서 언어의 기능이라 함은 언어가 지니는 고유한 역할을 말하는데, 일반적으로 언어 기능은 야콥슨(R. Jakobson)의 분류를 따른다. 야콥슨의 분류에 따르면 언어 기능은 감정표출 기능(emotive function), 지시적 기능(referential function, 전달적 기능이라고도 함), 능동적 기능(conative function, 환기적 기능이라고도 함), 시적 기능(poetic function), 교감적 기능(phatic function), 메타언어적 기능(metalinguistic function)으로 분류된다.[6] 이상 제시한 순서대로 이들 각 기능을 설명하도록 하겠다.

① 감정 표출 기능(emotive function) : 화자 자신의 고유한 느낌이나 감정을 전달하는 기능을 말한다.

예) 어떻게 나에게 그럴 수 있죠? 온몸에 소름이 끼쳐요. 가슴이 콩알만 해졌어요. 정말 너무하시네요 ㅜㅜㅜ

② 지시적 기능(referential function) : 화자가 속한 공간이나 화자가 속하지 않은 외부의 공간에서 일어나는 현상(상태)을 전달할 때 나타나는 기능이다.

예) 목사님 집 마당에 큰 느티나무가 있어요. 아이들이 놀이터에서 놀고 있어요.

③ 능동적 기능(conative function) : 화자가 청자에게 주도적으로 무언가가를 금지하거나, 부탁하거나, 명령할 때 나타나는 기능이다.

예) 또 놀러 오세요. 나 학교 정문에 있는 커피숍에 있을 테니까, 빨리 와. 위험해. 엎드려.
Bring it to me. Tom! Hey! Look at me!

④ 시적 기능(poetic function) : 언어가 사물에 내재된 아름다움이나 감흥을 줄 때 나타나는 기능이다. 예를 들면 리듬(rhythm, 규칙적

으로 일어나는 강약이나 장단의 배치), 두운(頭韻, alliteration, 강세를 가
지는 두 개의 단어 어두음이 유사한 것), 운(韻, rhyme, 두 개 이상의 시
행 말미에 있어서 대응하는 단어의 강세가 있는 최종 음절의 모음과 그것
에 이어지는 자음이 같은 것) 등의 시적 기법을 통해 언어의 시적
기능이 발휘된다.

예1) 리듬(rhythm) : 리듬에는 강세형 리듬(stress time rhythm, 영
      어, 러시아어, 독일어)과 음절형 리듬(syllable time rhythm, 일본
      어, 이탈리아어, 스페인어, 프랑스어)이 있다. 일본의 전통 시 하
      이쿠(俳句)는 5·7·5의 17자로 되어 있는데, 한 자 한 자 동일
      한 길이(박)로 발음해야 한다. 맨 앞의 5박은 중간의 7박에 맞
      춰서 2박을 쉬고, 맨 뒤의 5박은 2박을 여운으로 남긴다.
      しずかさや / いわにしみいる / せみのこえ
      shi zu ka sa ya/ iwa ni shi mi i ru/ se mi no ko e[7]
예2) 두운(頭韻, alliteration) : Love's Labor's Lost(사랑의 헛수고,
      셰익스피어의 작품명)
      Stars and Stripes(星條旗), Hous und Hof(독일어, 전재산),
      amor ardor(라틴어, 사랑은 불꽃)[8]
예3) 운(韻, rhyme) : sote(달다)～rote(뿌리), Sonne(태
      양)～Wonne(기쁨), licour(액체)～flour(꽃)[9]

⑤ 교감적 기능(phatic function) : 언어 내용의 전달보다 대인 관계를 확인하거나 화자의 교감을 나눌 때 나타나는 기능이다.

예) Good morning / How are you / 어디 가세요? / 안녕하세요 / 날씨가 참 좋죠?

⑥ 메타언어적 기능(metalinguistic function) : 언어가 지시하는 대상 (사물이나 사람)이 아닌 언어 그 자체를 지시할 때 나타나는 기능이다.

예) 'sun'은 당연히 '☼'을 지시한다. 그러나 '☼'은 배제되고 'sun' 그 자체에 관심을 둔다. "sun" is an English word / 'sun'은 단음절어이다.

제1장 연습문제

1. 언어 기호와 일반 기호의 또 다른 차이점에 대해서 생각해 봅시다.

2. 일반 기호를 인터넷이나 문헌을 통해서 검색하고 그 결과를 정리해 봅시다.

3. 특정 단어 예를 들어 동물 이름(개, 고양이, 소, 사자 등)을 언어별로 찾아보고 그 결과를 정리해 봅시다.

4. 특정 사물이나 동물(사람)의 상태 변화나 동작을 나타내는 의성어·의태어를 언어별로 찾아보고 그 결과를 정리해 봅시다.

5. 자신이 전공하고자 하는 언어나 관심이 가는 언어에서 임의의 문장을 선택하여 1차 분절과 2차 분절로 분리해 봅시다.

6. 결합적 관계와 연합적 관계를 나타내는 다른 예를 찾아보고 그 결과를 정리해 봅시다.

7. 언어의 생산성, 창조성, 귀환성을 한국어나 다른 언어에서 찾아보고 그 결과를 정리해 봅시다.

8. 자신이 전공하고자 하는 언어나 관심이 가는 언어에서 정식성을 나타내는 속담이나 관용구를 찾아 정리해 봅시다.

9. 자신이 전공하고자 하는 언어나 관심이 가는 언어에서 경제성과 잉여성을 나타내는 예를 찾아 정리해 봅시다.

10. 자신이 전공하고자 하는 언어나 관심이 가는 언어의 다양한 기능(감정표출 기능, 지시적 기능, 능동적 기능, 시적 기능, 교감적 기능, 메타언어적 기능)에 대해서 새로운 예를 찾아 정리해 봅시다.

제1장 주

1) 다나카 하루미(田中春美) *et al*, 「第1章 言語の働きとその研究」, 『言語学のすすめ』, 大修館書店, 1983, p. 12.

2) 다나카 하루미(田中春美) *et al*, 앞의 책, 1983, p. 13.

3) 다나카 하루미(田中春美) *et al*, 『現代言語学辞典』, 成美堂, 1992, p. 663.

4) 다나카 하루미(田中春美) *et al*, 앞의 책, 1992, p. 460.

5) 나카무라 마사루(中村捷) · *et al*, 『生成文法の基礎』, 研究社出版, 1996, p. 231.

6) 다나카 하루미(田中春美) *et al*, 앞의 책, 1992, p. 231.

7) 민광준, 『일본어 음성학 입문』, 건국대학교 출판부, 2010, pp. 243~244.

8) 다나카 하루미(田中春美) *et al*, 앞의 책, 1992, p. 23.

9) 다나카 하루미(田中春美) *et al*, 앞의 책, 1992, p. 574.

제2장 언어 연구의 대상과 분야

언어학(linguistics)은 인간의 언어를 연구 대상으로 하는 학문
이다. 그러나 언어학의 연구 대상인 인간의 언어는 매우 복잡하
다. 어떻게 복잡한지는 본서 전반을 통해서 그 양상을 확인할
수 있다. 따라서 언어학은 매우 복잡한 인간 언어의 구성을 매
우 정확하고 정밀하게 해명하는 학문이라는 것이 더 정확한 표
현이라고 할 수 있다.

제2장의 키워드

언어학(linguistics), 표준어(standard language), 지역
방언(regional dialect), 유아어(nursery language), 여성어
(women's language), 남성어(men's language), 비속어(slang),
금기어(taboo), 은어(argot), 사회 방언(social dialect), 공시태
(synchrony), 통시태(diachrony), 랑그(langue), 파롤(parole),
생성변형문법(generative transformational grammar), 언어 능
력(language competence), 언어 운용(language performance),
역사언어학(historical linguistics), 비교언어학(comparative
linguistics), 조어(祖語, protolanguage), 음성(voice), 음소
(phoneme), 형태소(morpheme), 단어(word), 구(phrase), 문
장(sentence), 화용(pragmatics), 음성학(phonetics), 음운론
(phonology),형태론(morphology), 통사론(syntax), 의미론
(semantics), 화용론(pragmatics), 유형론(typology), 고립어
(isolating language), 교착어(agglutinative language), 굴절어
(inflectional language), 포합어(incorporating language), 대
조언어학(contrastive linguistics), 문자론(graphonomy), 사회
언어학(sociolinguistics), 신경언어학(neurolinguistics), 심리언
어학(psycholinguistics), 획득(acquisition), 산출(production),
이해(comprehension), 문화(culture), 외국어 교수법(foreign
language teaching method), 수사학(rhetoric), 문헌학
(philology), 철학(philosophy), 문학(literature), 생물학(biology),
역사학(historiography), 고고학(archaeology), 민속학(folklore),
심리학(psychology), 교육학(education)

2.1 언어 연구의 대상

언어학(linguistics)은 인간의 언어를 연구 대상으로 하는 학문이다. 그러나 언어학의 연구 대상인 인간의 언어는 매우 복잡하다. 어떻게 복잡한지는 본서 전반을 통해서 그 양상을 확인할 수 있다. 따라서 언어학은 매우 복잡한 인간 언어의 구성을 매우 정확하고 정밀하게 해명하는 학문이라는 것이 더 정확한 표현이라고 할 수 있다.

언어학의 연구 대상인 인간 언어에는 다양한 측면이 내포되어 있다. 우선 인간 언어에는 예를 들어 2013년 6월 6일이라는 현재의 언어 그리고 오늘날의 언어적인 모습을 가능케 한 어느 과거 시기의 언어(중기 조선어, 신라어, 만주어, 라틴어, 히타이트어, 아시리아어), 중국어와 같이 많은 화자를 지닌 언어, 영어와 같이 강력한 국격과 국력을 자랑하며 국제적으로 높은 공인도를 인정받은 언어, 인도네시아나 파푸아뉴기니 벽지에 거주하는 원주민들처럼 미개한 종족이 사용하는 언어, 만주어와 같이 현재 화자가 20,000명 정도로 추정되는 언어, 카치켈(Kaqchikel)어와 같은 멕시코 남부와 과테말라에 거주하는 소수 민족이 사용하는 언어 그리고 표준어(standard language), 낙동강 주변에 거주하는 사람들이 사용하는 지역 방언(regional dialect), 유아어(nursery language), 청년어, 청소년어, 여성어(women's language), 남성어(men's language), 노인어, 비속어(slang), 금기어(taboo), 은어(argot), 직업에 따른 언어 등과 같은 사회 방언(social dialect) 등도 언어 연구의 대상이 될 수 있다. 이처럼 언어 연구의 대상은 실로 다양하다고 할 수 있다.

2.2 공시태와 통시태

'2.1'에서 언급한 바와 같이 인간 언어에는 현재의 언어, 과거의 언어가 내포되어 있는데 이것은 시간이라는 기준으로 언어의 국면을 나눌 수 있다는 것이다. 근대 언어학의 아버지 소쉬르*(F. de Saussure)는 바로 이러한 시간을 기준으로 언어의 상태를 공시태(共時態, synchrony)와 통시태(通時態, diachrony)로 구별하였다.

먼저 공시태부터 살펴보면, '共時'는 시간을 함께한다는 의미이며, '態'는 '모습'이나 '모양'을 의미한다. 즉 공시태라는 말은 같은 시대의 특정 시점(현재, 과거)에 있어서 언어의 정적인 상태(모습, 모양)를 말한다.

그 다음으로 통시태를 살펴보면 '通時態'는 '시간의 흐름을 통해 변화한다는 언어의 동적인 상태를 의미한다. 즉 통시태라는 말은 특정 시점에서 특정 시점까지 나타나는 언어의 변화를 가리킨다.

소쉬르는 언어 연구에서 이들 양자를 혼동해서는 안 되며 통시태와 마찬가지로 공시태 연구도 비중 있게 연구를 해야 한다는 사실을 강조하였다. 왜냐하면 언어는 현재의 정적인 모습을 띠면서 변화해 왔으며 앞으로도 변화해 갈 것이기 때문이다. 이것은 마치 식물이나 사람이 현재의 모습을 취하면서 알게 모르게 성장하는 것과 같은 이치이다. 물론 언어 연구를 공시태와 통시태 모두를 고려해서 연구하면 이상적이겠지만, 그것은 현실적으로 불가능하며 효율적이지도 않기 때문에 공시태와 통시태로 나누어 연구하는 것이 바람직하다고 할 수 있다.

2.3 랑그와 파롤

'2.1'에서 언급한 것처럼 언어는 표준어와 방언(지역 방언, 사회 방언)으로 나누어진다. 우리는 언어 연구의 대상이 표준어에만 국한되는 것으로 생각하기 쉬운데, 그것이 타당하지 못한 생각인 것은 바로 언어가 추상적일 뿐만 아니라 구체적인 측면도 동시에 가지기 때문이다. 언어의 구체적인 측면이란 방언(지역 방언, 사회 방언)에서 보듯 특정 집단(계급, 직업, 성별, 연령)의 사람들이 사용하는 개별적이고 우발적인 언어 행동을 가리키는데, 소쉬르는 이를 파롤(parole)이라 하였다.

한편 언어의 추상적인 측면이란 표준어(문법)란 말에서 보듯, 특정 집단에 소속된 사람들이 사용하는 개별적 언어 행동을 불순물로 간주하고 그러한 불순물을 일체 배제한 안정적으로 체계화되고 기술된 면을 말하는데 이를 소쉬르는 랑그(langue)라고 명명하였다.

따라서 랑그란 개별적이고 우발적인 언어 행동을 하는 각자의 의식에 공통적으로 내재된 중핵적인 개념이라 할 수 있고, 파롤이란 그러한 중핵적인 개념을 가지고 특정 집단에 소속된 개인이 특정한 장면에서 사용한 실제의 언어 행동이라고 할 수 있다. 이것은 하나의 악보(랑그), 예를 들어 모차르트가 작곡한 악보가 특정 연주자나 지휘자의 성향에 따라서 원래의 악보와는 조금 혹은 많이 다르게 연주되는 것(파롤)과 같은 이치라고 할 수 있다. 또 다른 예를 들자면 함경도 사람과 경상도 사람이 "뭐꼬가 무시기?", "무시기가 뭐꼬?"라고 발화하는 것은 '파롤'에 해당하며, 표준어 '무엇'이라는 번역에 의해서 서로 말이 통했다면 그 '무엇'은 함경도 사람과 경상도 사람의 의식에 내재된

'랑그'에 해당하는 것으로 생각할 수 있다. '랑그'는 보다 좁은 의미에서 언어 연구의 대상이 될 수 있고(협의의 언어학), '파롤'은 넓은 의미에서 언어 연구의 대상이 될 수 있다(광의의 언어학). 사회언어학은 바로 파롤을 다루는 학문으로 제11장에서 자세하게 다루겠다.

2.4 언어 능력과 언어 운용

소쉬르 이후에 랑그와 파롤의 개념과 유사한 개념을 각각 언어 능력과 언어 운용으로 구별하고 언어 능력만을 연구(생성변형문법 〔generative transformational grammar〕)의 대상으로 삼아야 한다고 주장한 촘스키(Chomsky, N.)가 있다. 촘스키가 주장한 언어 능력(language competence)이란 이상적인 언어 화자의 의식 속에 있는 언어 능력을 말하는 것으로 예를 들어 해당 언어의 문법 지식을 완벽하게 지니고 있고, 문장 산출에서도 주위 환경이나 심리상태 변화 등으로부터 영향을 받지 않고 정확하고 완벽성을 기할 수 있는 능력을 가리킨다. 예를 들어 '나는 사과를 먹었다'는 문법적으로 적격한 문장이지만, '*나는 사과가 먹었다'라는 문장이 부적격한 문장이라는 것을 알며 이러한 부적격한 문장은 어떠한 경우에도 사용하지 않는 능력을 말한다. 제6장에서 언어 능력에 대해서 자세히 다루도록 하겠다.

한편 언어 운용(language performance)이란 실제의 언어 행동에 사용되는 것이며 구체적으로 관찰이 가능한 것을 말한다. 예를 들어 '저는 코끼리입니다', '저는 비빔밥입니다'라는 발화에는 둘 다 문법적으로 맞긴 하지만 언뜻 용인하기가 어렵다. 그러나 언어 운용적인 측면에서 보면 '저는 코끼리입니다'는 '당신은 무슨 동물을 좋아하시나요?'에 대한 대답이 될 수 있고, '저는 비빔밥입니다'는 '당신은 무얼 드실래요?'라는 질문에 대한 대답이 될 수 있다는 점에서 충분히 용인할 수 있으므로 그런 점에서 언어 운용은 언어 능력과는 구별됨을 알 수 있다.

2.5 다양한 언어 연구 분야

언어는 실로 다양한 연구 분야를 지니는데, 이를 크게 나누면 통시태적인 연구와 공시태적인 연구로 나눌 수 있다. 통시태적인 연구는 언어의 변화를 규명하는 학문으로 예를 들자면 역사언어학(historical linguistics)과 비교언어학(comparative linguistics) 등을 들 수 있다. 전자의 역사언어학(historical linguistics)은 어느 시기의 역사적 기록물을 근거로 시대를 통하여 언어가 어떻게 변화해 왔는지를 연구한다. 구체적으로 말하면 근대 한국어, 중기 한국어, 고대 한국어의 공시적인 기술을 바탕으로 이들 시기의 언어를 연결하여 그 양상이 어떻게 변화해 왔는지 그 실태를 아는 것이 역사언어학의 목표이다. 한편 비교언어학(comparative linguistics)은 특정 언어와 다른 특정 언어가 동일한 계통에 속하느냐 혹은 속하지 않느냐를 규명하는 학문이다. 비교언어학은 동일한 어족에 속하는 것으로 생각되는 복수의 언어를 비교하는 것에 의해서 그들 언어 사이의 음운, 문법의 차이점이나 공통점을 발견하고 복수의 언어가 갈라지기 전의 하나의 언어, 즉 조어(祖語, protolanguage)를 재건하는 것을 목표로 한다. 이는 제9장에서 다루겠다.

한편 공시태적인 연구는 특정한 시기의 정적인 모습을 연구하는 것이다. 언어는 한 덩어리인 것처럼 보이지만, 자세히 보면 다양한 레벨을 상정할 수 있다. 구체적으로 말하면 언어는 음성(voice) 및 음소(phoneme) 레벨, 형태소(morpheme) 및 단어(word) 레벨, 구(phrase) 레벨, 문장(sentence) 레벨, 화용(pragmatics) 레벨로 분류된다. 각 레벨에 따라서 음성학(phonetics), 음운론(phonology), 형태론(morphology), 통사론(syntax), 의미론(semantics), 화용론(pragmatics) 등의 다양한 분야가 언어학의 하위 분야로서 존재한다. 이하 각 분야의 성격을 설명하고자 한다.

① 음성학(phonetics) : 언어를 구성하는 음성의 음향적 성질이나 조음법(調音法)을 객관적으로 규명하는 학문이다. 이는 제3장에서 자세하게 다루겠다.

② 음운론(phonology) : 특정 언어 화자의 의식에 내재된 음성의 지식체계를 규명하는 학문이다. 이는 제4장에서 자세하게 다루겠다.

③ 형태론(morphology) : 단어의 내부 구조(결합 방식)를 규명하는 학문이다. 이는 제5장에서 자세하게 다루겠다.

④ 통사론(syntax) : 문장 구성에 관여하는 단어 간의 배열방식과 기능을 해명하는 학문이다. 이는 제6장에서 자세하게 다루겠다.

⑤ 의미론(semantics) : 단어나 문장(sentence) 자체의 의미를 규명하는 학문이다. 이는 제7장에서 자세하게 다루겠다.

⑥ 화용론(pragmatics) : 언어 형식(단어나 문장)과 사용자(화자, 청자)와 맥락(context)과의 관계를 규명하는 학문이다. 이는 제8장에서 자세하게 다루겠다.

그 밖에도 형태론과 통사론적인 측면에서 전 세계 모든 언어의 유형(type)을 추출하여 언어를 분류하는 유형론(typology)이 있다. 유형론 연구에서 밝혀진 전 세계 언어의 유형적인 분류로 고립어(isolating language, 문장을 구성하는 단어는 실질적인 의미만을 지니며, 즉 어형 변화하지 않으며 서로 고립적으로 배열된다. 전형적으로 중국어를 들 수 있다), 교착어 (agglutinative language, 실질적인 의미를 나타내는 단어와 문법적인 의미를 나타내는 단어[조사]가 분리 가능한 형태로 연결된 언어인데, 대표적으로 한국어, 터키어, 일본어를 들 수 있다), 굴절어(inflectional language, 실질적인 의미를 나타내는 부분과 문법적인 의미를 나타내는 부분이 분리할 수 없는 형태로 융합된 언어로서 전형적으로 인구어[영어, 독일어, 프랑스어, 이탈리아어 등]를 들수 있다), 포합어(incorporating language, 문장을 구성하는 모든 단어가 마치 하나의 단어처럼 연결되어 단어 간의 경계가 모호한 언어, 대표적으로 에스키모어를 들 수 있다)가 있다. 그러나 혈액형에서 A형에 가까운 O형이 있고 B형에 가까운 A형이 있듯이 100% 완벽한 교착어(굴절어, 고립어)는 존재하지 않는다. 예를 들어 영어는 전형적으로 굴절어의 특징을 지니지만, 'books, walked'에서 보듯 교착어적인 면모를 보이기도 한다.

그리고 계통이 다른 언어 간의 ①~⑥ 레벨의 대조를 통해서 그 공통점과 차이점을 규명하는 학문을 대조언어학(contrastive linguistics)이라고 한다. 또한, 음성을 표기하는 문자의 구성 원리나 언어적 기능을 규명하는 문자론(graphonomy)이 있다. 문자론에 대해서는 제10장에서 자세하게 다루도록 하겠다.

언어학은 언어를 사용하는 사회와도 관련이 있다. 언어는 사회를 구성하는 구성원들에 의해서 사용되기 때문이다. 특정 사회 속에서 언어 사용을 규명하는 학문을 사회언어학(sociolinguistics)이라고 한다. 사회언어학에 대해서는 제11장에서 자세하게 다루도록 하겠다.

언어학은 정신 작용의 소산이므로 대뇌 연구와도 밀접한 관계를 지닌다. 대표적으로 신경언어학과 심리언어학을 들 수 있다. 신경언어학(neurolinguistics)은 인간의 언어습득, 언어 운용과 대뇌의 언어중추와의 상관관계를 규명하는 학문이다. 심리언어학(psycholinguistics)은 언어의 획득(acquisition)과 산출(production)과 이해(comprehension)의 과정을 규명하는 학문이다. 신경언어학과 심리언어학에 대해서는 제12장에서 자세하게 다루도록 하겠다.

언어학은 문화(culture)와도 관련을 지닌다. 인간의 삶은 결국 문화적인 활동을 통해서 이루어지는 것이고, 그러한 활동은 필연적으로 언어를 수반하기 때문이다. 언어학과 문화의 관련에 대해서는 제13장에서 자세하게 다루도록 하겠다.

언어학은 외국어 교수법(foreign language teaching method)과도 관련을 지닌다. 언어학 연구에서 얻어진 지견이 다양한 외국어 교수법에 적용되거나 활용될 수 있기 때문이다. 이에 대해서는 제14장에서 자세하게 다루도록 하겠다.

그 외에도 언어학은 수사학(rhetoric), 문헌학(philology), 철학(philosophy), 문학(literature), 생물학(biology), 역사학(historical science), 고고학(archaeology), 민속학(folklore), 심리학(psychology), 교육학(education) 등과도 관련이 있지만, 본서에서는 이들 학문과 관련해서 더 이상 언급하지 않기로 한다.[1]

제2장 연습문제

1. 자신의 표현 방식으로 공시태와 통시태를 예를 들어가며 설명해 봅시다.

2. 공시태와 통시태 모두를 고려해서 언어 연구를 하는 것이 왜 현실적으로 불가능한지 그 이유에 대해서 구체적으로 예를 들어가며 설명해 보도록 합시다.

3. 랑그와 파롤의 개념을 자신만의 비유 방식으로 설명해 봅시다.

4. 언어 능력과 언어 운용에 대한 개념을 한국어나 다른 언어를 통해 직접 예를 들어 설명해 봅시다.

5. 다양한 언어 연구 분야 가운데 특히 관심이 가는 분야는 무엇인지, 왜 그 분야에 관심이 가는지에 대해서 설명해 봅시다.

제2장 주

1) 이정민, 『言語理論과 現代科學思想』, 서울대학교출판부, 1998.

제3장 언어와 음성—음성학

우리가 외국어를 학습할 때 외국어의 소리를 단지 듣기만 하는 것은 아니다. 읽기나 말하기를 하면서 해당 외국어의 소리를 익혀나간다. 그리고 듣기를 통해서도 해당 외국어의 소리를 익혀나간다. 여기에서 말하는 외국어 소리라는 것은 해당 원어민이 기침을 하거나 하품을 할 때 내는 소리를 말하는 것이 아니라 인간의 생각이나 감정을 전달할 때 사용되는 소리를 말한다. 따라서 소리를 의사전달 외의 것으로 간주하고, 이하에서는 의사전달을 위해 내는 소리(발음)를 '음성'이라고 하여 소리와 구별하도록 한다. 언어학에서는 이러한 '음성'을 연구 대상으로 삼는 분야가 있는데 이 분야를 음성학(phonetics)이라고 한다. 음성학에서는 음성 자체의 물리적 음을 최대한 정밀하게 포착하는 데에 주안점을 둔다.

제3장의 키워드

음성학(phonetics), 조음음성학(articulatory phonetics), 음성기관(organ of speech), 음향음성학(acoustic phonetics), 음성의 높이(pitch), 세기(stress), 음색(timbre), 주파수(frequency), 진폭(amplitude), 파형(wave form), 청각음성학(auditory phonetics), 폐(lungs), 후두(larynx), 기관(trachea), 인두(pharynx), 후두개(epiglottis), 인두(pharynx), 혀뿌리(root of the tongue), 목젖(uvula), 인두벽(pharyngeal wall), 인두음(pharyngeal), 목울대(vocal cords), 성문(glottis), 입술(lips), 치아(teeth), 잇몸(alveolar ridge), 센입천장(hard palate), 여린입천장(soft palate), 콧소리(nasal), 혀(tongue), 혀끝(tip of tongue), 혓날(blade of tongue), 혀 앞부분(front of tongue), 혀 중간 부분(center of tongue), 혀 안쪽 부분(back of tongue), 단음(phone), 음절(syllable), 자음(consonant), 모음(vowel), 반모음(semi vowel), 성대(vocal cords), 유성음(voiced sound), 무성음(voiceless sound), 유성자음(voiced consonant), 무성자음(voiceless consonant), 조음법(manner of articulation), 파열음(plosives), 마찰음(fricatives), 파찰음(affricates), 비음(nasal), 설측음(lateral), 탄설음(flap), 조음점(point of articulation), 양순음(bilabial), 치경음(alveolar), 치경 경구개음(palato alveolar), 경구개음(palatal), 연구개음(velar), 구개수음(uvular), 성문음(glottal), 고모음(high vowel), 중모음(mid vowel), 광모음(open vowel), 전설 모음(front vowel), 중설 모음(central vowel), 후설 모음(back vowel), 원순 모음(rounded vowel), 평순 모음(unrounded vowel), 분절음(segment), 초분절음(suprasegmental sound), 운율(prosody), 악센트(accent), 강약 악센트(stress accent), 고저 악센트(pitch accent), 성조(tone), 평음(high level), 상승(rising), 하강 상승(falling rising), 하강(falling), 억양(intonation), 탁립(prominence), 휴지(pause)

3.1 인간의 음성을 연구하는 음성학

우리가 외국어를 학습할 때 외국어의 소리를 단지 듣기만 하는 것은 아니다. 읽거나 말하면서 해당 외국어의 소리를 익혀나간다. 그리고 듣기를 통해서도 해당 외국어의 소리를 익혀 나간다. 여기에서 말하는 외국어 소리라는 것은 해당 원어민이 기침을 하거나 하품을 할 때 내는 소리를 말하는 것이 아니라 인간의 생각이나 감정을 전달할 때 사용하는 소리를 말한다. 따라서 소리를 의사전달 외의 것으로 간주하고, 이하에서는 의사전달을 위해 내는 소리(발음)를 '음성'이라고 하여 소리와 구별하도록 한다. 언어학에서는 이러한 '음성'을 연구 대상으로 삼는 분야가 있는데 이 분야를 음성학(phonetics)이라고 한다. 음성학에서는 음성 자체의 물리적인 음을 최대한 정밀하게 포착하는데에 주안점을 둔다.

필자의 경험을 말하자면 어느 날 TV를 시청하는데 아나운서의 목소리가 매우 깨끗하고 청명하게 느껴져 "저 아나운서 발음 참 좋지?"라고 말했더니, 상대방이 "아나운서니까 발음이 좋지."라고 대답했다. 그래서 나는 생각했다. 왜 아나운서는 발음이 좋은 걸까 하고 말이다. 그것이 선천적인 능력인지 아니면 후천적인 노력에 의한 것인지는 모르지만, 발음이 좋아지기 위해서 분명 장시간 노력을 기울였을 것으로 생각했다. 따라서 아나운서이기 때문에 발음이 좋은 것이 아니라, 발음이 좋아지도록 노력을 했기 때문에 아나운서가 된 것으로 생각하는 것이 타당하다고 보아야 한다. 즉 누구라도 발음이 좋아지도록 노력을 하면 아나운서만큼은 아니더라도 해당 외국어의 원어민에게 자신의 감정이나 생각을 전달하는 데에 실패할 확률은 분명히 낮아질 것이다.

따라서 음성학에 관련된 기본적인 지식을 알아두면 발음을 정확하게 습득할 수 있으며 또한 타인에게 음성학에 관한 지식을 전수할 수도 있다(그러나 아이러니하게도 음성학적인 지식이 없어도 발음이 좋은 사람이 있는가 하면, 음성학적인 지식이 있어도 발음이 나쁜 사람이 있다).

음성학을 이해하면 하나의 언어에만 적용하는 것이 아니라 여러 언어에도 적용할 수 있다. 필자의 체험을 또 하나 말하자면, 유학 시절에 음성학을 전공하는 박사과정 학생(일본인)이 50여 개 국어 발음을 완벽하게 소화하는 것을 본 적이 있다. 어느 날 그 학생으로부터 전화를 받았는데 일순간 전율이 느껴졌다. 너무나 한국인 같았기 때문이다. 그리고 어떤 유학생은 1시간 동안 일본인과 일본어로 담소를 나누었는데 1시간 동안 말하면서도 상대 일본인은 그 유학생이 한국인이라는 것을 몰랐다고 한다. 이와 같이 발음이 좋으면 결과적으로 좋은 것이다. 그러나 발음이 나쁘면 발음이 좋은 것보다는 당연히 못 하다(그러나 미국 내에 사는 스페인계 사람들이 스페인어처럼 당당히 영어를 구사하는 것을 보면 그리 주눅 들 필요는 없다고 생각한다). 음성학적인 지식을 빌려 노력을 해보는 데까지는 해 보는 것이 필요하다.

3.2 음성학의 분야

음성을 어떠한 방법으로 연구하느냐에 따라서 ① 조음음성학 ② 음향음성학 ③ 청각음성학으로 분류된다.

우선 첫째로 조음음성학(調音音聲學, articulatory phonetics)이다. 조음

음성학은 어떠한 상태로 음성기관(organ of speech)을 유지하고 어떠한 부위에 어떻게 힘을 가하면(빼면) 어떠한 소리가 나거나 낼 수 있는지를 연구하는 분야이다. 제3장에서 행하는 모든 설명은 조음음성학 적인 지견에 의한 것으로, 거울로 구강 내를 살피거나 손가락을 넣어 보고 특정 부위를 만져봄으로써 특정한 음성이 만들어지는 과정을 직접 관찰하거나 느낄 수 있다. 그러나 관찰에 한계가 있어 요즘에는 내시경을 이용하는 등 보다 객관적인 방법으로 음성이 만들어지는 과정을 관찰하기도 한다.

둘째, 음향음성학(音響音聲學, acoustic phonetics)이다. 음향음성학은 음성을 음향분석 기계를 사용하여 물리학적으로 연구하는 분야이다. 언어음의 성질을 결정하는 것은 음성의 높이(pitch), 세기(stress), 음색(timbre)인데, 이들은 각각 음파의 주파수(frequency), 진폭(amplitude), 파형(wave form)과 서로 어우러져 상호관계를 형성한다. 최근에 음성으로 검색을 하거나 인공 언어, 말귀를 알아듣는 자동차, 청소기, 아파트와 같은 것은 모두 음향음성학의 결실이라 할 수 있다. 영화 터미네이터에 등장하는 미래의 로봇도 결코 꿈이 아니다.

마지막으로 청각음성학(聽覺音聲學, auditory phonetics)이다. 조음음성학이 음성을 어떻게 내느냐에 관심을 가진 분야라면, 음향음성학은 음성이 물리적으로 어떤 모습을 취하느냐에 관심을 가진 분야이다. 한편, 청각음성학은 음성이 인간의 귀에 들어가서 대뇌에 어떻게 어떤 식으로 지각되고 인식되는가에 관심을 가지는 분야이다. 해부학적, 뇌 신경 생리학적 연구가 주류를 이루는데, 보청기, 인공 장기(귀)의 발달은 바로 청각음성학의 결실이라 할 수 있다.

3.3 음성기관

음성이 어떻게 만들어지는지를 파악하기 위해서는 우선 인간의 발음에 관여하는 기관, 즉, 음성기관(speech organ)의 부위 명칭과 특징을 살펴보아야 한다. 아래 그림은 음성기관을 나타낸 것이다.

【음성기관】

음성은 폐에서 출발한 날숨(뱉는 숨)이 기관 → 후두 → 인두 → 구강(oral cavity) 또는 비강(nasal cavity)의 순서로 입이나 콧구멍 바깥으로 빠져나가며 만들어진다. 즉 음성은 날숨으로 만들어지는 것이지, 들숨(들이키는 숨)으로 만들어지는 것이 아니다.

폐(肺, lungs)는 호흡을 하는 데에 필수적인 기관이다. 말을 한다는 것은 호흡한다는 것을 의미하는 것으로, 폐는 호흡 운동을 가능하게 하는 동력을 제공한다고 보면 된다. 자동차로 비유하자면 엔진과 같은 것이다.

후두(喉頭, larynx)는 기관(氣管, trachea)의 위, 인두(咽頭, pharynx) 아래에 해당하는 부분이다. 혀 안쪽의 포항의 영일만처럼 생긴 후두개(後頭蓋, epiglottis)는 음식물이 기관에 들어가지 못하도록(식도로 들어가도록) 하는 기능을 지니며 조음에는 관여하지 않는다. 음식물이 기관으로 들어가면 모두 뱉어내게끔 신체가 작동할 것이다.

인두는 후두 위쪽에 이어지는 부분으로 후두개 아래를 경계로 해서 위쪽은 혀뿌리(root of the tongue)와 목젖(口蓋垂, uvula)까지의 공간이다. 혀뿌리를 인두벽(咽頭壁, pharyngeal wall)에 접근시켜 인두음(pharyngeal)이 만들어지기도 하지만 적극적으로는 조음에 관여하지 않는다. 그러나 인두벽이 부으면 사람들은 통상 개 짖는 소리와 유사한 소리를 내며, 그 결과 발음이 힘들어지므로 조음에 전혀 관여하지 않는 것은 아니다.

목울대(聲帶, vocal cords)는 자체적인 근육 수축을 통해서 여러 가지 크기로 목울대 사이, 즉 성문(glottis)을 진동하기도 하고 하지 않기도 하는 방식으로 조음에 관여한다. 목울대는 남성보다 여성이 짧은데, 목울대가 짧을수록 고음이 발생한다.

입술(脣, lips)은 음성기관(구강)에서 가장 바깥 부분에 위치한다. 입술이 없으면 이가 시리다고 했던가(脣亡齒寒). 그러나 입술은 이를 보호하기 위해서만이 아니라 조음에 적극적으로 관여하는 매우 중요한 기관이기도 하다.

치아(齒, teeth)는 입술 안쪽의 윗니와 아랫니를 가리킨다. 주로 혀 끝과 맞닿는 방식으로 조음에 관여한다.

잇몸(齒莖, alveolar ridge)은 치아를 붙들어 매고 있는 부분이다. 잇 몸이 벌어지면 치아가 붙어 있을 수 없다. "이가 없으면 잇몸으로 살 지"라는 속담이 있기도 하다. 치아나 잇몸에 혀가 근접하거나 맞닿아 음성이 만들어지므로 조음에 관여한다고 할 수 있다.

센입천장(硬口蓋, hard palate)은 치경 바로 뒷부분의 단단한 입천장 부분이다. 혀 앞부분과 센입천장이 맞닿거나 근접하는 방식으로 조음 에 관여한다.

여린입천장(軟口蓋, soft palate)은 센입천장 뒷부분의 부드러운 입천 장 부분이다. 혀 안쪽 부분과 여린입천장이 맞닿거나 근접하는 방식으 로 조음에 관여한다.

목젖(口蓋垂, uvula)은 여린입천장이 끝나는 부분이다. 콧소리(鼻音, nasal)를 처리할 때 비강으로 날숨이 빠져나가도록 목젖이 내려오면서 구강의 통로를 차단해 버리는 방식으로 조음에 관여한다.

혀(舌, tongue)는 조음에 가장 활발하게 관여하는 음성기관이다. 혀 는 부위별로 나누어가며 조음에 관여한다. 부위별로 혀끝(舌尖, tip of tongue), 혓날(blade of tongue), 혀 앞부분(前舌, front of tongue), 혀 중간 부분(中舌, center of tongue), 혀 안쪽 부분(後舌, back of tongue) 이렇게 모두 다섯 부분으로 나뉘는데, 이들 각 부위가 다른 구강 내 부분과 맞 닿거나 근접하는 방식으로 조음에 관여한다.

3.4 단음과 단음의 종류

우리가 예를 들어 'woman'이라는 단어를 말하거나 들었을 때, 사람들은 'woman'이라는 단어 그 자체만을 생각하기 쉽다. 그러나 음성학적으로 'woman'은 'w/o/m/a/n'이라는 하나하나의 음성이 결합하여 성립된 것으로 보는데, 이와 같이 어떤 단어의 성립에 관여하는 최소의 음성학적 단위를 단음(單音, phone)이라고 한다. 단음의 레벨이 아니면 개개 음성의 특징이나 음성체계를 충분히 설명하기가 어려우므로 단음이라는 개념은 음성학에서는 매우 중요하다고 할 수 있다. 이 단음은 당연히 3.3에서 설명한 음성기관이 서로 밀접하게 운동을 되풀이하면서 생기는 것이라고 할 수 있다. 단음은 〔 〕안에 알파벳과 유사한 음성기호를 기입한다. 예를 들면 'boy'에서 단음 〔b〕〔o〕〔i〕는 알파벳 모양과 동일하지만, bus의 〔b〕〔ʌ〕〔s〕에서 〔ʌ〕는 알파벳과 모양이 다르다.

단음 중에는 〔m〕과 같이 단독으로 소리를 낼 수 없는 것도 있지만, 〔o〕와 같이 단독으로 소리를 낼 수 있는 것도 있다. 그리고 〔ma〕와 같이 자음과 모음이 결합하여 비로소 소리를 낼 수 있는 것이 있는데, 이와 같이 자체적으로 소리를 낼 수 있는 음성의 단위를 음성학에서는 음절(syllable)이라고 한다. 즉 음절이란 끊어지지 않고 한 번에 발음되는 하나 이상의 단음이 연속된 음성 단위이다.

단음은 크게 자음과 모음, 반모음, 유성음과 무성음으로 나뉜다. 자음(子音, consonant)은 발음에 있어 구강(비강) 내부의 음성기관이 장애를 받아 발생하는 음성을 말하며, 반대로 모음(母音, vowel)은 장애

의 정도가 거의 없는 음성을 말한다. 반모음(半母音, semi vowel)은 자음
과 모음의 중간적인 성격을 가진 음성으로 모음처럼 장애의 정도가 전
혀 없지도 않으며, 자음처럼 장애의 정도가 크지도 않다. 그리고 성대
(vocal cords)의 떨림을 동반하느냐 하지 않느냐에 따라서 유성음(有聲
音, voiced sound)과 무성음(無聲音, voiceless sound)으로 나뉜다. 즉, 성대
의 떨림이 있는 음성을 유성음이라 하며, 떨림이 없는 음성은 무성음
이라고 한다.

3.5 자음의 종류

자음은 이미 언급한 바와 같이 음성기관 내부에서 장애가 발생하
여 만들어진 음성이다. 자음이 성대의 떨림을 동반하면서 만들어지느
냐 혹은 그렇지 않으냐, 구체적으로 어떤 장소에서 어떻게 만들어지느
냐에 따라서 각각 유성음·무성음, 조음법, 조음점으로 분류된다.

① 유성음(voiced sound)·무성음(voiceless sound)에 의한 분류
　　성대(vocal cords)의 떨림을 동반하여 자음이 만들어지면 유성자
　　음(voiced consonant), 성대의 떨림 없이 자음이 만들어지면 무성
　　자음(voiceless consonant)이라고 한다.

　　예1) 유성자음: 〔b〕〔d〕〔g〕〔z〕
　　　　무성자음: 〔p〕〔t〕〔k〕〔s〕
　　예2) 유성자음: が, ぎ, ぐ, げ, ご의 자음〔g〕, だ, で, ど의 자음〔d〕,

ば,び,ぶ, べ,ぼ의 자음〔b〕

무성자음: か,く,け,こ의 자음〔k〕, さ, す, せ, そ의 자음〔s〕,

ふ의 자음 〔ɸ〕, ぱ, ぷ, ぺ, ぽ의 자음〔p〕

예3) 유성자음: 바보〔pabo〕, 차돌〔chadol〕, 한강〔hangaŋ〕

　　　무성자음: 박수〔paksu〕, 달구경〔talgugjəŋ〕, 강촌〔kaŋchon〕

② 조음법(調音法, manner of articulation)에 의한 분류

음성이 어떠한 방식으로 만들어지느냐에 따른 분류로 파열음,
마찰음, 파찰음, 비음, 설측음, 진동음 등으로 나눌 수 있다.

가. 파열음(破裂音, plosives) : 폐쇄되었던 음성기관이 한 번에 열리
면서 날숨이 파열되어 나는 음을 말한다.

예1) gap〔gæp〕, tire〔taiə〕, catch〔kætʃ〕, darkness〔dɑ́rknis〕,
　　 fire〔faɪə〕

예2) か,き,く,け,こ의 〔k〕/ ぱ,ぴ,ぷ,ぺ,ぽ의 〔p〕/ た,て,と의
　　 〔t〕/ だ,で,ど의 〔d〕

예3) ㅂ, ㄷ, ㄱ, ㅃ, ㄸ, ㄲ, ㅍ, ㅌ, ㅋ

나. 마찰음(摩擦音, fricatives) : 음성기관의 특정한 부위와 다른 특정
한 부위의 좁은 틈으로 날숨이 통과하면서 만들어지는 음이다.

예1) 〔f〕〔v〕〔θ〕〔ð〕〔ʃ〕〔ʒ〕〔s〕〔z〕

예2) さ,す,せ,そ의 [s]. し,しゃ,しゅ,しょ의 [ɕ]/ [ʃ]는 [ɕ]보다 무겁고 둔한 느낌[1].

예3) ㅅ ㅆ, ㅎ

다. 파찰음(破擦音, affricates): 파열과 거의 동시에 마찰이 일어나면서 만들어지는 음이다. 파찰이란 용어는 파열의 '파(破)', 마찰의 '찰(擦)'이 합성된 것으로, 즉 마찰음과 파찰음이 합체한 음이라는 것을 의미한다.

예1) cats[khæts], hats[hæts], buds[bʌdz], hoods[hudz][2]
예2) 机[ts], 地図[tʃ], 図画[dz], ジュース[dʒ]
예3) ㅈ, ㅉ, ㅊ

라. 비음(鼻音, nasal): 목젖이 내려와 구강을 막고 날숨이 비강을 빠져나가면서 나는 자음이다.

예1) mother[mʌðə], know[nou], singing[siŋiŋ]
예2) ま,む,め,も의 [m]/な,ぬ,ね,の의 [n]
예3) ㅁ, ㄴ, ㅇ

마. 설측음(舌側音, lateral): 혓날을 센입천장에 바짝 붙이고 숨을 혀 옆으로 빠져나가게 하는 자음이다. 일본 가수들이 노래할 때 많이 사용함.

예1) lion[laiən], lie[lai], letter[letə]

예2) ら,り,る,れ,ろ를 각각 [la][li][lu][le][lo]로 발음한 경우.

예3) 쌀[s'al], 갈[kal], 빨래[p'allæ]

바. 탄설음(彈舌音, flap) : 혀끝으로 잇몸을 한 번 튕기면서 나는 음이다.

예1) 영어의 large[lɑrdʒ], ladder[lærər], latter[lærər][3]

예2) 일본어의 ら,る,れ,ろ의 [ɾ]/ り,りゃ,りゅ,りょ의 [ɾj]

예3) 새나라[sænara], 개나리[kænari], 도루[toru], 모레[more], 도로[toro]

③ 조음점(調音點, point of articulation)에 의한 분류

음성이 구체적으로 어느 곳에서 만들어지느냐에 따른 분류로 구체적으로 말하면 양순음, 치경음, 치경 경구개음, 경구개음, 연구개음, 구개수음, 성문음으로 나눌 수 있다. 언어에 따라 더 세분화할 수도 있는데 여기에서는 이들 조음점만 예로 들어 설명하고자 한다. 이하에서 제시한 양순 → 치경 → 치경 경구개 → 경구개 → 연구개 → 구개수 → 성문은 왼쪽에서 오른쪽으로 갈수록 구강의 깊이가 점점 더해지는 점에 유의하길 바란다.

가. 양순음(兩脣音, bilabial) : 서로 맞닿은 아랫입술과 윗입술이 열리거나 근접하여 나는 자음이다.

예1) pop〔pap〕, bright〔brait〕

예2) ま, み, む, め, も의 〔m〕, ば, び, ぶ, べ, ぼ의 〔b〕, ぱ, ぴ, ぷ, ぺ, ぽ의 〔p〕, 普通〔ɸɯtsɯː〕

예3) ㅂ, ㅃ, ㅍ

나. 치경음(齒莖音, alveolar): 잇몸에 맞닿은 혀끝이 내려오거나 근접하여 나는 자음이다.

예1) tight〔tait〕, drive〔draiv〕, sight〔sait〕, zealous〔zeləs〕, narration〔næreiʃn〕

예2) な, ぬ, ね, の의〔n〕/ た, て, と의 〔t〕/ だ, で, ど의 〔d〕/ さ, す, せ, そ의 〔s〕/ ざ, ず, ぜ, ぞ의 〔z〕

예3) ㄴ, ㄷ, ㅌ, ㅅ, ㅆ

다. 치경 경구개음(齒莖硬口蓋音, palatoalveolar): 혀의 앞부분(전설)이 치경과 경구개에 맞닿았다가 내려오거나 서로 근접해서 나는 자음이다.

예1) ash〔æʃ〕, decision〔disiʒn〕

예2) ち, ちゃ, ちゅ, ちょ의 〔tɕ〕/ し, しゃ, しゅ, しょ의 〔ɕ〕/ じ, じゃ, じゅ, じょ의 〔ʑ〕

예3) 치〔chi〕, 지〔ʑi〕, 찌〔ʑi〕

라. 경구개음(硬口蓋音, palatal): 혀의 중간 부분(중설)이 경구개에 맞닿았다가 내려오거나 근접해서 나는 자음이다.

예1) catch[kætʃ], bridge[bridʒ]

예2) ひ,ひゃ,ひゅ,ひょ의 [ç]

예3) 자[za], 제[ze], 조[zo], 주[zu], 짜[z'a], 쩨[z'e], 쪼[z'o], 쭈[z'u], 차[cha], 체[che], 초[cho], 추[chu]

마. 연구개음(軟口蓋音, velar): 연구개와 혀 안쪽 부분이 서로 작용하면서 만들어지는 자음이다.

예1) korea[kəríə], google[guːgl]

예2) か,く,け,こ[k]/が,ぐ,げ,ご의 [g]

예3) ㄱ, ㄲ, ㅋ

바. 구개수음(口蓋垂音, uvular): 혀 안쪽 면과 목젖이 서로 작용하면서 만들어지는 자음이다.

예1) 독일어 Rind[rint]

예2) 일본어 にほん[nihon]

예3) 한국어에는 없음.

사. 성문음(聲門音, glottal) : 성문 자체의 운동으로 만들어지는 자음
이다.

예1) how〔hau〕, height〔hait〕

예2) は,へ,ほ의 〔h〕

예3) ㅎ

3.6 모음의 종류

모음은 첫째, 혀의 위치가 위냐 아래냐, 즉 높이에 따라 분류된다.
둘째, 모음은 혀의 어느 부위가 입천장 쪽으로 올라가느냐 혹은 올라
가지 않느냐에 따라 분류된다. 셋째, 모음을 발음할 때 입술이 둥그냐
혹은 그렇지 않으냐에 따라 분류된다.

① 혀의 위치가 위냐 아래냐에 따른 분류

가. 고모음(高母音, high vowel, 협모음〔狹母音〕, 폐모음〔閉母音〕이라고도
함) : 혀가 구강 내의 높은 위치에 있는 모음이다.

예1) 영어의 sit〔ɪ〕, put〔u〕

예2) 일본어 い〔i〕, う〔ɯ〕

예3) 한국어의 ㅣ, ㅜ

나. 중모음(中母音, mid vowel) : 혀가 구강 내의 중간 위치에 있는 모음이다.

예1) 영어의 bet[ɛ], butt[ʌ], long[ɔ], banana[ə][4]

예2) 일본어 え[e], お[o]

예3) ㅔ, ㅐ, ㅗ

다. 광모음(廣母音, open vowel, 저모음[低母音], 개모음[開母音]) : 혀가 구강 내부의 중간보다 더 낮은 상태에서 나는 모음이다.

예1) 영어의 apple[æ], cot[ɑ]

예2) 일본어 あ[a]

예3) ㅐ, ㅏ

② 혀의 부위(혀끝, 혀 앞부분, 혀 중간, 혀 안쪽)에 따른 분류

가. 전설모음(前舌母音, front vowel) : 혀의 앞부분이 경구개 부분에 들어 올려지며 나는 모음이다.

예1) 영어의 [ɪ], [ɛ], [æ]

예2) 일본어 い[i], え[e]

예3) ㅣ, ㅔ, ㅐ, ㅟ, ㅚ

나. 중설모음(中舌母音, central vowel) : 혀의 중간 부분이 입천장의
중앙부를 향해서 들어 올려지며 나는 모음이다.

예1) 영어의 〔ə〕

예2) 일본어의 う〔ɯ〕

예3) ㅡ, ㅏ, ㅓ

다. 후설모음(後舌母音, back vowel) : 혀의 안쪽 부분이 연구개를 향
해서 들어 올려지며 나는 모음이다.

예1) 영어의 〔u〕, 〔ʌ〕, 〔ɔ〕, 〔ɑ〕

예2) う〔ɯ〕, お〔o〕

예3) ㅜ, ㅗ

③ 입술이 둥그냐 둥글지 않으냐에 따른 분류

가. 원순모음(圓脣母音, rounded vowel) : 입술을 둥글게 해서 내는 모
음이다.

예1) 영어의 〔u〕, 〔ɔ〕

예2) 일본어 お〔o〕

예3) ㅜ, ㅗ

나. 평순모음(平脣母音, unrounded vowel, 非圓脣母音[비원순모음]이라고
도 함): 입술을 평평하게 해서 내는 모음이다.

예1) 영어의 [ɪ], [ɛ], [æ], [ə], [ʌ], [ɑ]

예2) 일본어 あ[a], い[i], う[ɯ], え[e]

예3) ㅣ, ㅡ, ㅓ, ㅏ, ㅐㅔ

3.7 운율

자음과 모음은 음절의 형태로 그 자체가 소리를 낼 수 있는 분절음
(segment)인데, 이와는 반대로 반드시 분절음에 의해 그 존재가 인정
되는 것이 있다. 이를 음성학에서는 초분절음 (超分節音, suprasegmental
sound) 즉 운율(韻律, prososy)이라고 한다. 운율로는 악센트(accent), 억
양(intonation), 성조(toneme), 탁립(prominence) 등이 있다.

① 악센트(accent): 특정한 단어의 음절 부분을 세게 혹은 높게 발
음하는 것을 말한다. 세게 혹은 높게 발음하는 것은 개개인이
임의로 하는 것이 아니라 사회적 습관으로 결정된다. 세계 언어
의 악센트는 강약 악센트(stress accent)이거나 고저 악센트(pitch
accent) 둘 중 하나이다.

예1) 영어의 악센트는 강약 악센트로 접두사를 가지지 않는 단어
에는 어두의 음절에 강세가 두어지며, 접두사로 시작되는 단

어에는 그 접사 다음에 오는 음절에 강세가 두어진다(대문자
는 강한 악센트를 의미한다).

    a. FA.ther, MOTH,er. BROTH.er, WOM.an, HEAV.
       en. SOR.ry.

    b. to-DAY, to-MOR-row, to-NIGHT, a-NEW, in-
       DEED, a-MONG, be-GIN[5]

예2) 일본어의 악센트는 고저 악센트이다. (●:고/○: 저) 평판식
    과 기복식이 있다. 평판식은 악센트의 기복이 없는 형태이
    다. -ともだち○○○○(평판형) 기복식은 악센트의 기복이 있
    는 형태이다. こうもり●○○○와 같은 두고형, うぐいす○
    ●○○와 같은 중고형, いもうと○●●●와 같은 미고형이
    있다.[6]

예3) 중국어의 악센트는 고저 악센트이다. 아래의 중국어 'ma'
    는 고저의 형태가 모두 다르며 고저 형태의 변화에 따라 의미
    도 모두 다르다. 이와 같이 의미 식별에 관여하는 소리의 높
    낮이 단위를 성조(聲調, tone)라고 한다. 평음(high level, 1성)
    ma(母), 상승(rising, 2성) ma(麻), 하강 상승(falling rising, 3성)
    ma(馬)/ 하강(falling, 4성) ma(罵)[7]

예4) 한국어(대구 방언) 악센트는 고저 악센트이다.
    경비(經費)-경비(警備), 모래-모레, e^e-2^e-e^2-2^e

② 억양(抑揚, intonation) : 악센트가 단어마다 정해져 있는 소리의
    높낮이나 강약의 배치를 지시하는 것이라면, 억양은 문장 전체

의 소리 높낮이 형태를 말한다. 악센트처럼 사회 관습적으로 결정된 것은 아니며 화자의 다양한 발화 의도(미묘한 감정이나 표현 의도)가 음성의 높낮이와 길이, 세기, 음색의 변화 등으로 나타난다.[8]

예1) You are going／(＝Are you going?)[9]

예2) そうですか／(질문)/ そうですか＼(납득)/そうですか → (맞장구)[10]

예3) 그래요／(질문), 그래요＼(납득), 그래요 → (맞장구)

③ 탁립(卓立, prominence) : 문장을 구성하는 단어나 구의 일부분을 강조하여 발음하는 것을 말한다. 강조한다는 것은 그 부분을 의미상으로 강조해서 청자에게 전달하고자 하는 욕구의 발로이다.

예1) 今夜タクシーで熱海のホテルへ行きます。

タクシーで를 강조

今夜タクシーで熱海のホテルへ行きます。

'今夜' 를 강조

今夜タクシーで熱海のホテルへ行きます。

'熱海の' 를 강조[11]

예2) <u>오늘</u> 테니스를 치러 갑니다. ('오늘'을 강조)

　　오늘 <u>테니스</u>를 치러 갑니다. ('테니스' 강조)

　　오늘 테니스를 <u>치러</u>갑니다. ('치러'를 강조)

④ 휴지(休止, pause) : 휴지는 생리학적으로 발화가 일시적으로 정
　지되는 상태에 있는 시간적인 틈을 말한다. 이러한 틈이 발생하
　는 원인으로는 발화의 의미 구조나 통사 구조를 명확히 하기 위
　해서인 것으로 알려져 있다.

예1) しんだいしゃ(寝台車, 新台車, 死んだ医者)

예2) 아버지가방에들어가셨다.

예3) 아줌마 파마

제3장 연습문제

1. 조음음성학, 음향음성학, 청각음성학 중에서 관심이 가는 분야를 선택하고 왜 관심이 가는지, 자신이 선택한 분야가 현재 어떠한 방면에서 어떻게 실생활에 적용되고 있는지 인터넷에서 검색해 보고 그 결과를 정리해 봅시다.

2. 음성기관을 직접 그려보면서 자신이 전공하고자 하는 언어나 관심이 가는 언어로 '3.3'에서 제시된 음성기관 명칭을 모두 기입해 봅시다.

3. 자신이 전공하고자 하는 언어 혹은 관심이 가는 언어의 자음 목록을 문헌이나 인터넷을 이용하여 정리해 봅시다.

4. 자신이 전공하고자 하는 언어 혹은 관심이 가는 언어의 모음 목록을 문헌이나 인터넷을 이용하여 정리해 봅시다.

5. 자신이 전공하고자 하는 언어 혹은 관심이 가는 언어의 악센트, 억양, 탁립, 휴지에 해당하는 예를 찾아 정리해 봅시다.

제3장 주

1) 민광준, 『일본어 음성학 입문』, 건국대학교 출판부, 2010, p. 90.

2) 시바타니 마사요시(柴谷方良) *et al*., 『言語の構造-音声音韻篇』, くろしお出版(日本, 東京), 1991a, p. 42.

3) 후자의 'ladder', 'latter'는 시바타니(柴谷方良)·*et al*., 1991a, p. 43 인용.

4) 시바타니 마사요시(柴谷方良) *et al*., 앞의 책, 1991a, p. 57.

5) 구보조노 하루오(窪薗晴夫)·오타 사토시(太田聡), 『音韻構造とアクセント』, 研究社出版, 1998, pp. 87~88.

6) 민광준, 앞의 책, 2010, p. 184.

7) 강범모, 『언어-풀어 쓴 언어학개론』, 한국문화사, 2010, pp. 73~74

   마에카와 기쿠오(前川喜久男), 「1 音声学」, 『音声』, 岩波書店, 2004, p. 33.

8) 민광준, 앞의 책, 2010, p. 214.

9) 시바타니 마사요시(柴谷方良) *et al*., 앞의 책, 1991a, p. 60.

10) 유자와 다다유키(湯澤質幸)·마쓰자키 히로시(松崎寛), 『音声・音韻探究法』, 朝倉書店, 2005, p. 143.

11) 마쓰자키 히로시(松崎寛)·가와노 도시유키(河野俊之), 『よくわかる音声』, アルク, 2002, p. 110.

제4장 언어의 음성 체계 – 음운론

어느 외국인이 '독립'이라는 단어를 '동닙'이라 읽지 않고, '독립'이라고 읽었다면 이 외국인은 음성학적인 지식은 있다고 생각되지만, 자음과 자음이 상호관계하여 특정한 자음으로 변화한다는 음운론적인 지식은 없다고 생각할 수 있다. 음성 그 자체가 지니는 성질을 객관적으로 연구하려는 분야가 음성학(phonetics)이라면, '독립'을 '동닙'으로 읽는 것처럼 언어를 사용하는 사람의 음성에 대한 지식을 연구하는 분야는 음운론(phonology)이라고 한다.

제4장의 키워드

음성학(phonetics), 음운론(phonology), 최소대립쌍(minimal pair), 음소(phoneme), 변이음(allophone), 상보분포(complementary distribution), 조건 변이음(conditional variant), 자유 변이음(free variant), 음절(syllable), 자음(consonant), 모음(vowel), 구개음화(palatalization), 비음화(nasalization), 자음동화(consonant assimilation), 두음법칙(initial law), 탈락(elision), 경음화(tensification), 변별적 자질(distinctive feature), 기식성(aspirated), 긴장성(tense)

4.1 음성학과 음운론

어느 외국인이 '독립'이라는 단어를 '동닙'이라 읽지 않고, '독립'이라고 읽었다면 이 외국인은 음성학적인 지식은 있다고 생각되지만, 자음과 자음이 상호관계하여 특정한 자음으로 변화한다고 하는 음운론적인 지식은 없다고 생각할 수 있다. 음성 그 자체가 지니는 성질을 객관적으로 연구하려는 분야가 음성학(phonetics)이라면, '독립'을 '동닙'으로 읽는 것처럼 음성 상호 간의 지식을 연구하는 분야는 음운론(phonology)이라고 한다.

음성학에서 음성 그 자체가 지니는 성질을 객관적으로 연구한다는 것은 음성학에서는 음성 그 자체의 물리적 특성을 관찰한다는 것이다. 그러나 인간의 음성은 반드시 의미를 동반하므로, 음성의 물리적 성질을 넘어 음성과 의미의 상관관계까지도 고찰할 필요성이 있다. 이는 특정 단어('딸')와 다른 특정 단어('탈')를 구성하는 음성의 차이에 따라 서로 의미가 달라지기도 하고, 또 그러한 의미 변화를 가능케 하는 음성의 체계와 그에 대한 지식이 존재한다는 것을 의미하기도 하므로, 음성의 특징뿐만 아니라 음성의 체계(그 체계에 대한 지식)까지도 규명할 필요가 있다.

음운론의 이러한 정의를 이해하기 위해서는 다음과 같은 개념들에 대한 기본적인 이해가 필요하다. 즉 음운의 대립에서 비롯되는 최소대립쌍(minimal pair), 음소(phoneme), 변이음(allophone), 상보분포(complementary distribution), 조건 변이음(conditional variant), 자유 변이음(free variant)이다.

① 음소(phoneme) : 'fair'와 'pair'는 각각 /-air/이라고 하는 환경에 있어서 분절음 'f'와 'p'에 의해서 두 단어의 의미가 구별되는 것을 알 수 있다. 이와 같이 단어의 의미 구별에 관여하는 분절음의 최소 단위를 음소(音素, phoneme)라고 한다. 한편 제3장에서 이미 언급하였듯이 예를 들어 〔p-a-i-r〕에서 보듯 단어 'pair'를 구성하는 각각의 분절음은 단음(phone)이라고 한다. 단음에서는 의미가 배제된다. 음운론에서는 음소가 / /로 표시되며, 음성학에서는 단음이 〔 〕로 표시된다.

② 최소대립쌍(minimal pair) : 예를 들어 'fair'와 'pair'는 분절음 'f'와 'p'에 의해서 서로 의미가 구별되는 것을 알 수 있다. 이와 같이 하나의 분절음만 다르고 나머지 분절음은 같은 단어의 대립을 최소대립쌍이라고 한다. 이러한 최소대립쌍을 통해서 특정 언어 내에서 음소 체계를 구축할 수 있다. 그러나 모든 분절음이 의미의 구별에 관여하는 것은 아니다. 예를 들어 /p/는 어두에서는 〔pʰin〕이 되듯이 기(aspiration)가 동반되지만, 어중에서는 'sports'의 〔p:〕에서 보듯 기가 동반되지 않는다. 따라서 기가 동반된 〔pʰ〕와 동반되지 않은 〔p〕는 의미의 구별에 관여하지 않으며 그 결과 비대립적이며 음소로서도 인정되지 않는다.

③ 변이음(allophone) : 이미 본 것처럼 /p/가 어두에서는 〔pʰ〕가 되듯 기(숨, aspiration)가 동반되는 반면에 어중에서는 기가 동반되지 않으며 〔p〕로 실현된다. 이와 같이 〔pʰ〕와 〔p〕를 음소 /p/의 변이음(allophone)이라고 한다.

④ 상보분포(complementary distribution) : 어두에서는 [pʰ]가, 어중
에서는 기가 배제된 [p]가 나타난다. 즉 [pʰ]와 [p]는 각각 어두
와 어중이라는 영역에서만 실현되는데, 즉 이것은 각 영역을 침
범하는 일 없이 고유의 영역을 서로 보완해 주면서 /p/의 [pʰ]
와 [p]가 변이음으로 분포해 있기 때문에 가능한 현상이다. 이
와 같이 [pʰ], [p]와 같이 동일한 영역이 아니라 각각의 영역을
지켜주면서 상호보완적으로 분포하는 것을 상보분포라고 한다.

⑤ 조건 변이음(conditional variant) : [pʰ]는 어두라는 조건에서 [p]
는 어중이라는 조건에서만 나타나는데, 이를 /p/의 조건 변이음
이라고 한다. 조건 변이음은 의미의 구별에는 관여하지 않는다.
조건 변이음은 당연히 동일한 환경에서 나타나지 않으며 그 결
과 최소 대립을 이루지도 않는다.

⑥ 자유 변이음(free variant) : 예를 들어 일본어 'いっぱい'의 밑줄
친 부분을 [ipp'ai]로 발음하든, [ippʰai]로 발음하든 'いっぱい'의
의미에는 아무런 영향을 미치지 않는다. 이와 같이 음성적으로
유사한 분절음이 동일한 영역에서 자유롭게 교체되어도 의미상
으로 아무런 변화가 생기지 않는 분절음을 자유 변이음이라고
한다. 그러나 한국어에서는 [빠]와 [파]에서 보듯 의미상으로
구별이 되므로 이들 분절음(자음)은 자유 변이음이 될 수 없다.

이상 음운론의 기본적인 개념들을 살펴보았는데, 이들 외에도 음

운론에서는 각 언어 특유의 음소 배열과 음절 구조, 음운규칙, 각 분절음(음소)이 지니는 다른 분절음과 변별되는 음성적 특징, 즉 자질(feature)을 연구한다. 이하의 절에서는 이들 개념이 지니는 특징을 소개하고자 한다.

4.2 음소의 목록과 음절 구조

하나의 언어에는 그 언어 특유의 음소로 규정된 목록이 있게 마련이다. 당연히 그 목록은 음소에 대한 화자의 지식을 가리키는 것으로 그 목록은 언어마다 다르다. 예를 들어 일본어에는 다음과 같은 음소 목록이 인정된다.

모음 음소　　/a·i·u·e·o/

자음 음소　　/k·g·s·z·t·d·n·h·b·p·m·r·kj·gj·sj·zj·tj·nj· hj·bj·pj·mj·rj/

반모음 음소　/j·w/

특수 음소　　/N·Q·R/

음소는 모음 음소와 같이 홀로 발음이 될 수 있는 것이 있는가 하면, 자음 음소와 같이 모음 음소와 결합하여 비로소 발음이 가능한 것도 있다. 자음 음소와 모음 음소가 결합하여 현실적으로 발음이 가능한 소리 단위를 음절(syllable)이라고 한다. 언어에 따라서 모음 전후의 자음 배열이 다르다. 자음(consonant)을 C, 모음(vowel)을 V라고 표기

하면 일본어는 'ほん/hoŋ/'과 같이 극소수의 예를 제외하고는 대개 V로 끝을 맺는 개음절적 음절 구조를 지닌다.

さかな(魚) /sakana/ ねこ(猫) /neko/ ほん(本) /hoŋ/
| | | | | |　　　　　| | | |　　　　| | |
CVCVCV　　　　CVCV　　　　CVC

　　반면에 한국어나 영어는 개음절적 음절 구조를 지니는 경우도 있지만, 자음으로 끝을 맺는 폐음절적 구조도 허용한다. 예를 들면 '닭'은 CVCC, 영어는 'strike/straik/'에서 보듯 CCCVVC로 폐음절적 구조를 허용하며, 나아가 영어는 음절 머리의 /str-/에서 보듯 CCC와 같이 세 개의 음절 구조를 허용하는 것을 볼 수 있다. 한국어와 영어 모두 자음 음소로 끝을 맺을 수 있지만, 영어 쪽이 훨씬 복잡하다고 할 수 있다.

4.3 음운규칙

　　예를 들어 중국인 학생이 '신라'를 '실라'로 읽지 않고 '신라'로, '헌법'을 '헌뻡'으로 읽지 않고 '헌법'으로 읽었다면 이 중국인 학생은 한국어에서 음소가 배열될 때 현실적인 발음을 결정하는 규칙, 즉 음운규칙(phonological rule)을 이해하지 못하고 있기 때문으로 생각할 수 있을 것이다. 한국어(다른 언어도 마찬가지임)에서는 실제 발음과 음소와는 발음이 다른 경우가 있으며 그것은 몇 가지 음운규칙에 의해서 결정된다. 한국어의 음소 배열에서 나타나는 몇 가지 음운규칙으로 구개음화

(palatalization), 비음화(nasalization), 자음동화(consonant assimilation), 두음법칙(initial law), 탈락(elision), 경음화(tensification) 등을 들 수 있다.

① 구개음화(palatalization) : 원래는 구개음이 아니었던 소리가 인접한 구개음의 소리에 영향을 받아 구개음으로 변화되는 현상이다.

예) 굳이 -〉 구지, 밭이 -〉 바치, 같이 -〉 가치, 씨받이 -〉 씨바지, 갇히고 -〉 가치고

② 비음화(nasalization) : 비음으로 인해 인접해 있던 음이 비음으로 변화되는 현상이다.

예) 밥만 -〉 밤만, 밭만 -〉 반만, 국물 -〉 궁물, 박민정 -〉 방민정, 읽는 -〉 잉는, 입는 -〉 임는

③ 자음동화(consonant assimilation) : 어떤 자음이 인접해 있는 다른 자음의 자질에 의해 그와 동일하거나 유사한 자음으로 변화되는 현상이다. 위의 비음화도 자음동화의 일종이다.

예) 달나라 -〉 달라라, 곤란 -〉 골란, 독립 -〉 동닙, 음운론 -〉 음운논, 신라 -〉 실라, 듣는 -〉 든는

④ 두음법칙(initial law) : 첫소리에 올 수 없는 자음에 대한 음운규칙이다.

  예) 녀자->여자, 락원->낙원, 리해->이해, 리익->이익

⑤ 탈락(elision) : 본디 발음되어야 하는 어떤 음소가 발음되지 않고 떨어져 나가는 현상이다.

  예) 외할머니->외알머니, 낳은->나은, 이것->이거, 딸님->따님, 십월->시월, 솔나무->소나무

⑥ 경음화(tensification) : 경음이 아닌 소리가 경음화되는 현상.

  예) 국밥->국빱, 심장병->심장뼝, 국수->국쑤, (신발을) 신고 ->신꼬

  주의해야 할 것은 이상의 한국어 음운규칙을 다른 언어에 적용해서는 안 된다는 것이다. 예를 들어 'only you'를 '올리 유'로, 'nickname'을 '닝네임'으로, 'hot money'를 '한머니'로, 'bookmark'를 '붕마크'로 읽어서는 안 된다.

4.4 변별적 자질과 음운규칙의 기술

'4.2'에서 제시한 일본어의 음소 목록에 제시된 음소들은 제각기 고유한 성질을 가진다. 예를 들면 [k]와 [g]는 연구개음과 파열음이란 공통점을 지닌다. 다만 [k]는 무성음, [g]는 유성음이라는 음성적 특징을 지닌다는 점에서 차이를 보인다. 이와 같이 음소에 내재된 음성적 성질을 표현하기 위한 특징을 자질(feature)이라고 한다. 무성음과 유성음이라는 자질이 각각 [k]와 [g]를 구별해주기 때문에 무성음과 유성음을 변별적 자질(distinctive feature)이라고 한다. 따라서 [k]는 [연구개, 파열, 무성]이라는 변별적 자질을 지니고, [g]는 [연구개, 파열, 유성]이라는 변별적 자질을 지니는 것으로 생각할 수 있다. 변별적 자질의 존재를 고려하는 것은 음소에 내재된 성질을 간결하고 경제적으로 기술하기 위해서이다. 다음의 일본어 음소 [k]와 [g]의 예를 살펴보도록 하자.

(1) a. [k]: 경구개 뒤에 연결된 보들보들한 부분과 후설 부분이 맞닿았다가(연구개) 갑자기 후설 부분이 내려오며 막혀 있던 숨이 성대를 울리지 않고(무성음) 일시에 터지며 나는 소리 (파열)

　　 b. [k]: 연구개, 파열, 무성

(2) a. [k]: 경구개 뒤에 연결된 보들보들한 부분과 후설 부분이 맞닿았다가(연구개) 갑자기 후설 부분이 내려오며 막혀 있던

숨이 성대를 울리지 않고(무성음) 일시에 터지며 나는 소리 (파열)

b. 〔g〕: 경구개 뒤에 연결된 보들보들한 부분과 후설 부분이 맞닿았다가(연구개) 갑자기 후설 부분이 내려오며 막혀 있던 숨이 성대를 울리며(유성음) 일시에 터지며 나는 소리(파열)

c. 〔k〕: 연구개, 파열, 무성

〔g〕: 연구개, 파열, 유성

(1)에서 보듯 (1a)보다 변별적 자질로 기술한 (1b) 쪽이 훨씬 〔k〕의 성질을 이해하기 쉽다. (2)에서 보듯 (2a)-(2b)와 같이 기술하여 비교하는 것보다 (2c)에서 보듯 변별적 자질로 표시해서 〔k〕〔g〕를 비교하는 쪽이 훨씬 이해하기 쉽다. 이것은 음소에 내재된 음성적 성질을 간결하고 경제적으로 기술하여 그것을 읽는 사람이 그 성질을 이해하는 데에 거의 부담이 되지 않았기 때문이다.

또한 변별적 자질은 두 개 이상의 분절음을 구분하는 데에도 여전히 유효하다. 예를 들어 한국어의 〔ㄷ, ㅌ, ㄸ〕과 같이 두 개 이상의 음소에 내재된 변별적 자질을 기식성(aspirated, 발음을 할 때 숨이 강하게 나오는 성질)과 긴장성(tense, 특정 구강 근육 부위에 힘이 들어가야 하는 음성의 성질)이라는 변별적 자질로 간략하게 구분할 수 있다. 아래 표에 보듯, 기식성이 있으면 +로 표시하고, 없으면 -로 표시한다. 긴장성이 있으면 +로 표시하고, 없으면 -로 표시한다.

	[ㄷ]	[ㅌ]	[ㄸ]
[기식성, aspirated]	–	+	–
[긴장성, tense]	–	–	+

위의 표에 나타난 각 음소의 내재된 음성적 성질을 변별적 자질로 쉽게 이해할 수 있다. 이것을 실제로 검증을 하는 방법이 있는데, 그것은 실제로 발음을 해보면 된다. [따]와 [타]에 모음을 넣어 발음하면 전자의 [따]는 구강의 특정 부위에 힘이 들어가는 반면에 [타]는 그렇지 않음을 느낄 수 있다. 그리고 손바닥을 입술 앞에 대고 [타]를 발음하면 바람(숨)이 나오는 반면에, [따]를 발음하면 숨이 나오지 않음을 알 수 있다. [다]를 발음하면 구강의 특정한 부위가 거의 긴장하지 않고 손바닥을 갖다 대어도 숨이 거의 나오지 않음을 알 수 있다. 이와 같이 변별적 자질은 음소(들)에 내재된 음성적 특징(공통점과 차이점)을 간결하고 경제적으로 기술할 수 있다는 점에서 큰 장점을 발휘한다.

그런데 4.3에서 우리는 음소와 음소가 인접하여 다른 음성으로 실현되는 음운규칙을 보았다. 예를 들어 '국물'이 '국물'로 발음되지 않고 '궁물'로 발음되는 것을 확인할 수 있었다. 이것은 한국어에 비음화라는 음운규칙이 있다는 것을 말해 주는 것으로 이러한 음운규칙도 변별적 자질로 충분히 기술할 수 있다.[1]

비음화 현상 1. 밥만 [밤만]   ㅂㅁ → ㅁㅁ

비음화 현상 2. 밭만 [반만]   ㅌㅁ → ㄴㅁ

비음화 현상 3. 박민정 [방민정]   ㄱㅁ → ㅇㅁ

비음화 현상 4. 읽는 〔잉는〕　　　　ㄹㄱㄴ → ㅇㄴ

비음화 현상 5. 입는 〔임는〕　　　　ㅂㄴ → ㅁㄴ

위의 비음화 현상 1은 받침 /ㅂ/이 인접한 /ㅁ/의 영향을 받아 비음 /ㅁ/으로 변화된다는 것을 나타낸다.

위의 비음화 현상을 좀 더 간략하게 표기하면 다음과 같다.

비음화규칙 1.　　　ㅂ → ㅁ/ ㅁ

비음화규칙 2.　　　ㅌ → ㄴ/ ㅁ

비음화규칙 3.　　　ㄱ → ㅇ/ ㅁ

비음화규칙 4.　　　ㄹㄱ → ㅇ/ ㄴ

비음화규칙 5.　　　ㅂ → ㅁ/ ㄴ

그러나 변별 자질을 이용하면 이들 다섯 가지 규칙은 다음과 같이 더 간략하게 표시할 수 있다. 기술의 편의를 위해 /ㄹㄱ/이 비음화되는 현상은 배제한다.

비음화규칙 1. ㄱ → 〔+비음성〕/ 〔+비음성〕

비음화규칙 2. ㅂ → 〔+비음성〕/ 〔+비음성〕

비음화규칙 3. ㅌ → 〔+비음성〕/ 〔+비음성〕

그런데 이들 규칙의 표시도 복잡하다. /ㄱ, ㅂ, ㅌ/은 〔파열음〕으로 〔지속성(continuant. 음성 기관이 어느 시간 동안 일정한 상태를 유지하고 날

숨이 연속적으로 흐르며 음색이 변화하지 않는 음성적 성질을 말한다)]을 가지지 않으므로 [-지속성]이란 변별 자질로 일괄적으로 통합이 가능하다. 따라서 다음과 같이 하나의 규칙으로 표시할 수 있다.

[-지속성] → [+비음성]/ [+비음성] (비음화규칙)

이와 같이 변별 자질은 하나의 음소에 내재된 음성적 성질, 음성 간의 음성적 성질(공통점, 차이점), 음운규칙을 간략하게 설명할 수 있으며 또한 표시할 수 있다는 점에서 큰 장점을 지닌다.

제4장 연습문제

1. 자신이 전공하고자 하는 언어, 관심이 가는 언어의 음소 목록을 문헌이나 인터넷을 이용하여 정리해 봅시다.

2. 자신이 전공하고자 하는 언어, 관심이 가는 언어 중에서 본 교재에서 예시된 것 이외에 최소대립쌍을 찾아서 정리해 봅시다.

3. 자신이 전공하고자 하는 언어, 관심이 가는 언어, 본 교재에서 예시된 것 이외에 변이음의 예를 찾아서 정리해 봅시다.

4. 자신이 전공하고자 하는 언어, 관심이 가는 언어, 본 교재에서 예시된 것 이외에 상보분포, 조건 변이음의 예를 찾아서 정리해 봅시다.

5. 자신이 전공하고자 하는 언어, 관심이 가는 언어, 본 교재에서 예시된 것 이외에 자유 변이음의 예를 찾아서 정리해 봅시다.

6. 자신이 전공하고자 하는 언어, 관심이 가는 언어 가운데 10~20개 정도의 단어를 무작위로 골라서 각 단어들의 음절 구조를 C, V로 표시해 봅시다.

7. 자신이 전공하고자 하는 언어, 관심이 가는 언어, 본 교재에서 예시된 것 이외에 5가지 정도의 음운 현상을 찾아서 정리해 보도록 합시다.

8. 자신이 전공하고자 하는 언어, 관심이 가는 언어, 본 교재에서 예시된 것 이외에 음운 현상을 통해서 교재에서 예시된 대로 3~5가지 정도의 다른 음운규칙을 설정해 봅시다. 그리고 설정해 본 규칙을 언어학자들이 세운 규칙과 비교해 봅시다.

제4장 주

1) 강범모, 『언어-풀어 쓴 언어학개론』, 한국문화사, 2010, pp. 96~97.

(강범모의 설명 방식을 따랐다. 그러나 예나 설명은 모두 필자가 쓴 것이다.)

제5장 단어의 구조-형태론

형태론(morphology)에서는 단어의 정보나 이미 존재하는 단어를 분석할 수 있게 하는 정보를 집중적으로 규명한다. 즉 형태론에서는 특정 단어의 어떠한 요소가 어떻게 조합(배열, 구조)을 이루어 어떠한 단어가 규칙적으로(또는 불규칙적으로) 만들어지는지를 규명한다. 따라서 독자들은 형태론에 관련된 기본 지식을 잘 습득하면 단어 암기가 훨씬 수월해질 것이며, 그 결과 풍부한 어휘력을 지닐 수 있게 될 것이다.

제5장의 키워드

    문장(sentence), 형태론(morphology), 형태소(morpheme), 이형태(allomorph), 음운적으로 결정된 이형태(phonologically conditioned allomorph), 어휘적으로 결정된 이형태(lexically conditioned allomorph), 자유형(free form), 자유 형태소(free morpheme), 구속형(bound form), 구속 형태소(bound morpheme), 크랜베리 형태소(cranberry morpheme), 유일 형태소(unique morpheme), 단순어(simple word), 파생어(derivative), 복합어(compound), 파생 접사(derivational affix), 접두사(prefix), 접미사(suffix), 접중사(infix), 어근(root), 어간(stem), 기체(base), 숙어(idiom), 동결된 표현(frozen expression), 중복(reduplication), 융합(혼성, blend), 두자어(acronym), 단축(clipping), 역성(back formation), 민간 어원(folk etymology), 신조어(neologism)

5.1 형태론이란

문장(sentence)은 복수의 낱말(word)이 배열되어 성립된 것이다. 예를 들면 'I think that I will go outside'라는 문장은 {I} + {think} + {that} + {will} + {go} + {outside}라는 6개의 단어가 결합한 것이다. 일본어를 예를 들면 '僕は起きる'는 {僕} + {は} + {起きる}, 한국어 '아침 일찍 일어났다'는 {아침} + {일찍} + {일어나} + {ㅆ} + {다}라는 각각의 단어가 결합한 것이다.

문장을 구성하는 개개의 단어에 주목하면 단어마다 그 성립에 있어 서로 유사한 제약을 지닌 단어가 있는가 하면 독자적인 제약을 지닌 단어도 있다. 예를 들면 'married'와 'carried'는 각각 'marry', 'carry'라는 동사와 과거형을 나타내는 {-ed}라는 요소의 결합으로 이루어져 있다. 과거형 'cut'은 현재형 'cut'과 동일한 형태를 지니며 동사에 {-ed}라는 요소가 결합하는 'married'와는 다르게 독자적으로 존재하는 것이라고 할 수 있다. 이들 단어의 결합에 관련된 지식은 영어 원어민은 충분히 알고 있는 지식이지만, 영어 원어민이 아닌 사람에게는 영어 원어민의 단어 성립에 대한 지식은 최대의 관심사이며, 또한 언어학적으로도 매우 중요하다.

단어의 정보나 이미 존재하는 단어를 분석할 수 있게 하는 정보를 형태론(morphology)이란 언어학의 영역에서 집중적으로 규명한다. 즉 형태론에서는 특정 단어의 어떠한 요소가 어떻게 조합(배열. 구조)을 이루며 어떠한 단어가 규칙적(또는 불규칙적으로) 만들어지는지를 규명한다.

5.2 형태소

형태론의 기본 개념으로 일반적으로 형태소, 이형태, 자유 형태소, 구속 형태소, 자립 형태소, 의존 형태소, 크랜베리 형태소(유일 형태소)를 들 수 있다.

① 형태소(morpheme)

이미 제시한 'I think that I will go outside'라는 문장을 구성하는 'I, think, that, will, go'라는 단어는 문법 형식의 가장 기본적인 단위로 더 이상 분해할 수 없는 최소 의미 단위이다. 즉 이들 단어는 음성과 의미가 자의적으로 결합하여 그 이상 작게 분해할 수 없는 최소 문법 단위라고 할 수 있는데 이를 형태소(morpheme)라고 한다.

한편 'outside'라는 단어는 'out/side'로, 'foolish'나 'boyish', 'boys', 'boyhood'와 같은 단어는 각각 'fool/ish', 'boy/ish', 'boy/s', 'boy/hood'로 분해되는 형태소로 구성된다.

일본어 'からたちの花が咲いたよ'라는 문장은 {からたち+の+花+が+咲い+た+よ}로 7개의 형태소로, 한국어 '무궁화 꽃이 피었습니다'는 '무궁화/꽃/이/피/었/습니다'와 같이 6개의 형태소로 구성된 것으로 생각할 수 있다.

② 이형태(allomorph)

그런데 하나의 형태소는 항상 하나의 음성 형식만이 존재하지는 않는다. 즉 하나의 형태소에 일반적으로 이형태(allomorph)로 알려진 하나 이상의 변종이 있는 경우가 있다.

영어의 복수 명사: cats, dogs, horses, sheep, oxen, mice

위의 복수 명사에는 모두 복수의 의미를 지니는 형태소가 내포되어 있는데, 'cats', 'dogs', 'horses'에는 각각 {s}, {z}, {iz}라는 이형태가, 'sheep', 'oxen', 'mice'에는 우발적으로 복수를 나타내는 이형태가 단수 명사에 비가시적으로 내포되어 있다. 전자는 음운적으로 결정된 이형태(phonologically conditioned allomorph), 후자는 어휘적으로 결정된 이형태(lexically conditioned allomorph)라 불린다.[1]

일본어에도 이형태가 있다. 예를 들어 '雨(ame)'라는 형태소는 다음의 예에서 보듯, {ame}, {ama}, {same}라는 세 가지 이형태를 지닌다.

일본어의 예는 다음과 같다.[2]
    a. ame: にわか雨〔niwaka-ame〕, 通り雨〔toori-ame〕, 雨降り
        〔ame-huri〕, 雨風〔ame-kaze〕
    b. ama: 雨傘〔ama-gasa〕, 雨蛙〔ama-gaeru〕, 雨雲〔ama-gumo〕,
        雨垂れ〔ama-dare〕
    c. same: 小雨〔ko-same〕, 春雨〔haru-same〕, 霧雨〔kiri-same〕,
        村雨〔mura-same〕

한국어의 예는 다음과 같다.

   a. 아버지-가/경찰-이

   b. 학교-로/집-으로

   c. 죽었-다/잡-았-다

   d. 일본어-를/ 신발-을

③ 자유 형태소, 구속 형태소/ 자립 형태소, 의존 형태소

'I'나 'think', 'that', 'will', 'go'라는 단어들은 더 이상 작게 분해할 수 없으며, 자유롭게 문장 속에서 나타날 수 있는 형태소들인데, 이들 형태소를 자유형(free form) 혹은 자유 형태소(free morpheme)라고 한다. 그리고 'think'나 'go'는 단독으로 사용될 수 있으므로 자립 형태소라고도 한다.

한편 'foolish'나 'boyish'의 {-ish}, 'unkindness'의 {-ness}, 'singing'의 {-ing} 등과 같이 다른 형식에 결합되어 비로소 자신의 목소리를 내는 형태소를 구속형(bound form), 구속 형태소(bound morpheme) 혹은 의존 형태소라고 한다.

일본어의 예는 다음과 같다.

   yama(山): 자유 형태소/ 자립 형태소

   o-hito-yoshi(お人好し): 구속 형태소/ 의존 형태소

한국어의 예는 다음과 같다.

　아버지: 자유 형태소/ 자립 형태소

　불경기: 구속 형태소/ 의존 형태소

④ 크랜베리 형태소(cranberry morpheme, 유일 형태소 unique mor-
　　pheme)

　영어의 'cranberry'의 'boysenberry', 'huckleberry'의 'berry'는 여
러 단어에 나타나는 형태소이다. 반면에 'cran', 'boysen', 'huckle'과
같이 단독으로 사용되지 않고 다른 형태소 'berry'와 결합하여 비로소
의미를 완성하는 형태소를 크랜베리 형태소(cranberry morpheme) 혹은
유일 형태소(unique morpheme)라고 한다.[3]

　한국어의 예는 다음과 같다.[4]

　감쪽같이/ 새삼스럽다

5.3 파생과 굴절

　단어를 그 구조에 따라 고찰하면 단어는 다음과 같이 분류할 수
있다.

　　　　　　　　단순어

　　　　단어

　　　　　　　　합성어 → 파생어/ 복합어

단순어(simple word)는 'teach', 'pretty', 'boy', 'church' 등과 같이 파생이나 복합의 과정을 거치지 않고 단독으로 성립하는 단어이다. 한편 합성어는 다시 파생어(derivative)와 복합어(compound)로 나누어지는데, 전자의 파생어는 'teacher', 'kindness', 'beautiful'과 같이 단순어 'teach', 'kind', 'beauty'에 각각 파생 접사(derivational affix)가 붙어 성립된 단어를 말한다. 후자의 복합어는 'beauty contest', 'self taught', 'entrance examination', 'high school'과 같이 단순어가 복합된 단어를 말한다.

한편 일본어의 단순어와 합성어(파생어, 복합어) 예는 다음과 같다.
단순어: inu(犬), neko(猫), kaeru(蛙), hana(花), hoshi(星)
파생어: huka-mi(深み), taka-sa(高さ), o-mizu(お水)
복합어: yama-oku(山奧), naga-ame(長雨), age-sage(上げ下げ)

한국어의 단순어, 합성어(파생어, 복합어) 예는 다음과 같다.
단순어: 별, 땅, 삽, 꽃, 개, 어른, 콩, 밭
파생어: 아이들, 맨발, 21호, 불구속, 초고층, 반체재
복합어: 조개구이, 군고구마, 꽃꽂이, 별사탕, 개헤엄

단어 형성의 방법에서 파생어에 주목했을 때, 실질적인 의미를 지니는 단어와 실질적인 의미를 지니지 못하는 것을 볼 수 있다. 실질적인 의미를 지니지 못하는 요소는 그 결합하는 위치에 따라 접두사, 접미사, 접중사로 분류된다.

① 접두사(prefix)

접두사(prefix)는 'unhappy', 'coexist', 'counteract', 'interact'와 같이 단순어의 머리 부분에 결합한다. 한국어 접두사로는 '불안정', '맨손', '비신자', '초고속' 등을 들 수 있다. 일본어 접두사로는 'お祝い', 'ノンストップ', '非課税', '新世紀', '大通り' 등을 들 수 있다.

② 접미사(suffix)

접미사(suffix)는 'happiness', 'troublesome', 'realize'와 같이 단순어의 후미 부분에 결합된 요소를 말한다. 한국어 접미사로는 '남성스럽다', '김남주 씨', '우리들', '기술자', '수업료', '식료품점', '넓이' 등을 들 수 있다. 일본어 접미사로는 '吉村君', '道德的', '重さ', '柔軟性', 'あなた方' 등을 들 수 있다.

접미사는 파생력이 매우 강하여 영어의 경우 다음과 같이 형용사와 동사를 명사로, 명사를 형용사로, 동사를 형용사로, 명사를 동사로, 형용사를 동사로, 형용사를 부사로 만들기도 한다.

영어의 예는 다음과 같다.

happy(형용사) → happiness(명사)/exist(동사) → existence(명사)/act(동사) → action(명사)/trouble(명사) → troublesome(형용사)/understand(동사) → understandable(형용사)/beauty(명사) → beautify(동사)/real(형용사) → realize(동사)/slow(형용사) → slowly(부사)

일본어의 예는 다음과 같다.

寒い(형용사) → 寒さ(명사)/重い(형용사) → 重み(명사)/眠い(형용사) → 眠気(명사)/寒い(형용사) → 寒がる(동사)/大人(명사) → 大人ぶる(동사)/子ども(명사) → 子どもっぽい(형용사)

한국어의 예는 다음과 같다.

춥다(형용사) → 추위(명사)/어른(명사) → 어른스럽다(형용사)/읽다(동사) → 읽기(명사)/도덕(명사) → 도덕적(형용사)/사실(명사) → 사실상(부사)

③ 접중사(접요사, 삽입사, 내접사라고도 함, infix)

접중사(infix)는 어기(base, 후술한다) 속에 삽입되는 접사로 예를 들면 필리핀의 타갈로그어 동사 'káin(먹다)'에서 그 행위의 행위자에 초점(focus)을 맞출 때에는 접중사 {-um-}을 어간의 내부에 삽입하여 'k-um-áin(-가 먹는다)'이 된다. 그런데 동일한 동사가 목적어에 초점을 맞출 때에는 접중사 {-in-}을 삽입하여 'k-in-áin(-을 먹는다)'가 된다.[5]

영어에는 접중사가 존재하지 않지만, 'fan-fucking-tastic', 'guaran-damn-tee', 'Ala-goddam-bama' 등과 같이 'fantastic', 'guarantee', 'Alabama'의 내부에 각각 'fucking', 'damn', 'goddam'을 삽입하여 의미를 강조함으로써 접중사적으로 사용하는 경우도 있다.[6] 한국어나 일본어에도 접중사는 존재하지 않는다.

파생과 대립되는 형태적 과정으로 굴절(활용, 곡용, inflexion)이라는 것이 있는데, 이것은 실제의 문장 속에서 어떠한 단어가 기능에 따라서 적절한 형식으로 변화된 것이다. 예를 들면 '잡-으시-었-겠-습니까'에서 {잡-}은 어근, {으시}는 상대에 대한 존경의 기능, {었}은 과거 시제, {겠}은 화자의 추정, {-습니까}는 공손한 의문으로 요소가 적절하게 결합되었다.[7]

영어에서는 'jumped', 'asked'에서 보듯 과거의 의미를 나타내는 {-ed}와 같은 굴절 접사, 'talks', 'eats'에서 보듯 3인칭 단수 현재형일 경우 단순어에 연결되는 {-s}와 같은 굴절 접사 등을 들 수 있다.

한편 일본어에서는 高い[taka-i]-高くて[taka-kute]-高くない[taka-kunai]-高かった[taka-katta]-高くなかった[takakunakatta]-高ければ[taka-kereba]에서 보듯 어기 高[taka-]에 다양한 접사(조동사)가 연결된 것을 확인할 수 있다.

5.4 어근, 어간, 기체

단어를 분석할 때, 접사 이외에 어근(root), 어간(stem), 기체(base) 등의 용어가 사용된다.

① 어근

어근(root)은 단어에서 모든 굴절 접사와 파생 접사를 제외한 뒤에 남겨진 최종적인 요소인데, 예를 들면 'singers'에서 파생 접사 {-er}과 굴절 접사 {-s}를 제외한 'sing'이 어근이다. 그리고 복합어에서는 최소의 자립 형태소로 인정할 수 있는 각 요소가 어근이 된다. 예를 들면

'wheelchair'에서 'wheel'과 'chair'는 각각 어근이 될 수 있다.

일본어 예로는 'sema-sa(狭さ)/sema-i(狭い)'를 들 수 있는데, 이때의 {sema}는 '좁다'라는 의미를 지닌 어근이다. 한국어 예로는 '넓-다/넓-이'를 들 수 있는데, 여기서 {넓-}은 '넓다'는 의미를 지닌 어근이다.

② 어간

어간(stem)은 단어에서 굴절 접사를 제거한 뒤에 남는 요소로 영어를 예로 들면 'singers'에서 {-s}를 제외한 'singer'가, 'wheelchair'에서는 'wheelchair'가 어간이다.

일본어의 예는 다음과 같다.

tabe-(食べ-) tabe-ru(食べる) tabe-ta(食べた)

tabe-te(食べて) tabe-ru-ka(食べるか) tabe-ta-ka(食べたか)

위의 {tabe-}는 기본 어간이며, {tabe-ru}와 {tabe-ta}는 파생 어간이 된다.

한국어를 예로 들면 '수고스럽겠지만'은 {수고(어근)}+{스럽(파생 접사)}+{겠(굴절 접사)}+{지만(굴절 접사)}으로 분해가 가능하며, 굴절 접사를 제거한 '수고스럽-'이 어간이 된다.

③ 기체

기체(base)는 굴절 접사이든 파생 접사이든 접사가 부가되는 형식을 말한다. 따라서 어간도 어근도 모두 기체가 될 수 있다. 예를 들어

굴절 접사 {-s}가 부가되는 기체는 'singer'이고, 파생 접사 {-er}이 부가되는 기체는 'sing'이다. 일본어의 경우 {taka-sa(高さ)}는 명사성 접미사 {-sa}가 제거된 {taka-}가 기체가 된다. 한국어의 경우 '넓이'는 명사성 접미사 {-이}가 제거된 {넓-}이 기체가 된다.

5.5 기타 단어 형성 방법

그 밖의 단어 형성 방법으로 숙어, 중복, 융합, 두자어, 역성, 민간 어원, 신조어 등을 들 수 있다.

① 숙어

문장처럼 복수의 단어가 결합하여 지정된 의미만을 나타내는 표현이다. 따라서 숙어(idiom)를 동결된 표현(frozen expression)이라고도 한다. 전형적인 숙어는 전체 의미가 구성 요소의 의미와 문법 관계에서 의미를 추측할 수 있는 것보다 추측할 수 없는 것이 더 많다. 예를 들어 '미역국을 먹다'에서는 실제로 '미역국을 먹는다'는 의미보다 '어떤 일에 실패하다'라는 의미가 더 부각된다. 즉 {미역국}과 {을}, {먹다}의 구성 요소의 의미와 문법 관계로는 예측할 수 없는 의미가 숙어에 들어 있다.

한국어의 예는 다음과 같다.

발을 씻다/ 손이 크다/ 종로에서 뺨 맞고 한강 가서 눈 흘긴다/ 발이 넓다/ 가지 많은 나무에 바람 잘 날 없다 다음은 일본어 예이다.

足を洗う(어떤 일에서 손을 떼다)/ あつものに懲りてなますを吹く
(자라 보고 놀란 가슴 솥뚜껑 보고 놀란다)/目がない(사족을 못 쓰다)/
馬が合う(마음이 맞다)/油を売る(일할 시간에 일하지 않고 잡담을 늘어
놓다) / 匙を投げる(손을 빼다) / 舌を巻く(매우 놀라다) / 能ある鷹は
爪を隠す(능력 있는 사람은 재주를 숨긴다)

영어의 예는 다음과 같다.

bury the hatchet	논쟁을 중단하다
a wild goose chase	헛된 노력
as the crow flies	최단거리로
dog eat dog	지독한 경쟁

② 중복

중복(reduplication)은 단어(자립 형태소) 또는 단어 일부(의존 형태
소)를 중복시켜 만들어진 단어를 말한다. 대개 강조적인 의미를 나타
낸다.

한국어: 물컹물컹, 쫀득쫀득, 빨리빨리, 끼리끼리, 몽실몽실
일본어: 山々(山山, 산산), 人々(人人, 사람들), 時々(時時, 때때로)
라틴어: quisquis(누구라도)/ quidqui(언제라도)
영어: zigzag, willy-nilly

③ 융합

융합(혼성, blend)은 A라는 단어와 B라는 단어가 독립적으로 존재할 때, A의 일부와 B의 일부를 결합시킨 새로운 단어가 만들어지는 현상을 말한다. 즉 두 단어가 결합할 때 두 단어의 일부가 제외되는 현상을 말한다.[8]

일본어의 예는 다음과 같다.

やぶる: やぶく＋さく

きって(切手): きっぷ(切符)＋てがた(手形)

ゴジラ: ゴリラ＋くじら

ライモン: ライム＋レモン

ラジカセ: ラジオ＋カセットレコーダー

영어의 예는 다음과 같다.

heliport: helicopter＋airport

smog: smoke＋fog

motel: motorist＋hotel

Kosian: Korean＋Asian

④ 두자어

두자어(acronym)는 어군이나 복합어 주요 부분의 두문자 또는 두 음절을 조합하여 만든 단어이다. 두자어는 보통의 단어와 같이 음절을 갖춘 독자의 발음으로 읽히기도 한다.

영어의 예는 다음과 같다.[9]

   Anzac: Australian and New Zealand Army Corps

   A.S.A.P: As Soon As Possible

   CD: Compact Disc

   FM: Frequency Modulation

   I.B.M: International Business Machine

   NATO: North Atlantic Treaty Organization

   SF: Science Fiction

   TOEIC: Test Of English for International Communication

   UNESCO: United Nations Educational Scientific and
                Cultural Organization

   WASP: White Anglo-Saxon Protestant

일본어의 예는 다음과 같다.

   国連: 国際連合

   安保理: 安全保障理事会

   経団連: 経済団体連合会

   生協: 生活協同組合

   日教組: 日本教職員組合

한국어 예는 다음과 같다.[10]

   웃찾사: 웃음을 찾는 사람들

   지못미: 지켜주지 못해 미안해

계대: 계명대학교

책따세: 책으로 따뜻한 세상(만드는 교사들)

아나바다: 아껴 쓰고, 나눠 쓰고, 바꿔 쓰고, 다시 쓰기

⑤ 단축

  단축(clipping)은 통상의 단어가 짧게 발음되고, 그것이 정착하여 다른 단어로 사전에 등록되는 현상을 말한다.

다음은 일본어 예이다.

  アイス〈アイスクリーム

  チョコ〈チョコレート

  イント〈イントロダクション

  パンフ〈パンフレット

  ソフト〈ソフトクリーム/ソフトウェア-

  ビル〈ビルディング

  テレビ〈テレビジョン

영어 예로는 다음과 같은 것을 들 수 있다.

  ad〈advertisement

  exam〈examination

  flu〈influenza

  math〈mathematics

  phone〈telephone

pro 〈 professional

vet 〈 veterinarian

한국어 예는 다음과 같다.

에어컨 〈 에어컨디셔너

리모콘 〈 리모트콘트롤

⑥ 역성(back formation)

단어는 일반적으로 만들어지는 순서가 있다. 예를 들면 'driver'
라는 명사는 동사 'drive'에서 파생되는 것이 일반적이다. 'hunter',
'boiler', 'actor'에 대해서도 동일한 설명이 가능하다. 이는 일반적으로
동사가 먼저 존재하고 나중에 접사가 결합하여 새로운 명사가 만들어
지는 것이다.

그런데 역성(back formation)은 이와는 반대로 명사에서 동사가 파
생되는 현상을 말한다. 이것은 원래 동작적인 개념이 없던 명사가 존
재하고 명사에서 동사가 파생된 경우이다. 아래의 예에 대해서도 동일
한 설명이 가능하다.[11]

intuition(직관) → intuit(직관으로 알다)

editor(편집자) → edit(편집하다)

typewriter(타이프라이터) → typewrite(타이프를 치다)

⑦ 민간 어원

민간 어원(folk etymology)에 의한 단어란 단어의 어원적 의미를 어형이나 의미가 비슷한 다른 단어에 끼워 맞춰 해석함으로써 새로운 단어가 만들어진 것이다. 예를 들면 영어의 'asparagus'는 구어로 'sparrowgrass'로 불리는데, 이것은 '아스파라거스'가 '참새가 먹는 풀'로 해석되어 만들어졌기 때문이다. 그리고 일본어의 '一所懸命'는 무사가 영지를 사수하여 생활의 의지처로 삼는다고 하는 의미가 '죽을 때까지 목숨을 건다는 것'으로 해석되어 '一生懸命'가 된 것도 민간 어원의 한 예라고 할 수 있다.[12]

⑧ 신조어

지금까지 보아온 것처럼 단어는 대부분의 경우 어떤 기체에 접두사나 접미사가 결합하거나 원래의 기체가 변형되어 만들어지는데, 신조어(neologism)는 무에서 유가 창조되듯 지금까지는 사용된 적이 없는 완전히 새로운 단어가 만들어진다. 예를 들어 'nylon'이나 'robot'을 들 수 있다.[12]

제5장 연습문제

1. 자신이 전공하고자 하는 언어, 관심이 가는 언어, 본 교재에서 예시된 것 이외의 단어나 문장을 골라 형태소로 구분해 봅시다.

2. 자신이 전공하고자 하는 언어, 관심이 가는 언어, 본 교재에서 예시된 것 이외의 10개 정도 단어의 이형태를 문헌이나 인터넷에서 찾아보고 정리해 봅시다.

3. 자신이 전공하고자 하는 언어, 관심이 가는 언어, 본 교재에서 예시된 것 이외의 10개~20개 단어에서 자유 형태소, 구속 형태소/자립 형태소, 의존 형태소를 각각 추출해 봅시다.

4. 자신이 전공하고자 하는 언어, 관심이 가는 언어, 본 교재에서 예시된 것 이외의 크랜베리 형태소를 인터넷에서 검색하여 정리해 봅시다.

5. 자신이 전공하고자 하는 언어, 관심이 가는 언어, 본 교재에서 예시된 것 이외의 10개 정도의 단순어, 파생어, 복합어를 문헌이나 인터넷을 통하여 검색하고 그 결과를 정리해 봅시다.

6. 자신이 전공하고자 하는 언어, 관심이 가는 언어, 본 교재에서 예시된 것 이외의 10개 정도의 접두사, 접미사, 접중사를 문헌이나 인터넷을 통하여 검색하고 그 결과를 정리해 봅시다.

7. 자신이 전공하고자 하는 언어, 관심이 가는 언어, 본 교재에서 예시된 것 이외의 굴절 현상을 예시하는 10개 정도의 예를 문헌이나 인터넷을 통하여 검색하고 그 결과를 정리해 봅시다.

8. 자신이 전공하고자 하는 언어, 관심이 가는 언어, 본 교재에서 예시된 것 이외의 어근, 어간, 기체를 예시하는 10개 정도의 예를 문헌이나 인터넷을 통하여 검색하고 그 결과를 정리해 봅시다.

9. 자신이 전공하고자 하는 언어, 관심이 가는 언어, 본 교재에서 예시된 것 이외의 숙어, 중복, 융합, 두자어, 역성, 민간 어원, 고유명사 유래, 신조어를 예시하는 10개 정도의 예를 문헌이나 인터넷을 통하여 검색하고 그 결과를 정리해 봅시다.

제5장 주

1) 오이시 쓰요시(大石強), 『形態論』, 開拓社, 1994, p. 10.

2) 가자마 기요조(風間喜代三) *et al.* ·『言語学』, 東京大学出版部, 2004, pp. 44~45.

3) 오이시 쓰요시(大石強), 앞의 책, 1994, p. 7.

4) 강범모, 『언어-풀어 쓴 언어학개론』, 한국문화사, 2010, p. 113.

5) 다나카 하루미(田中春実) *et al.* 『現代言語学辞典』, 成美堂, 1992, pp. 302~303.

6) 오이시 쓰요시(大石強), 앞의 책, 1994, pp. 53~54.

7) 강범모, 앞의 책, 2010, p. 116.

8) 다나카 하루미(田中春実) *et al.* 앞의 책, 1992, p. 66.

9) ANZAC, NATO는 다나카 하루미 *et al.*(田中春実, 1992, pp. 7~8)에서 인용한 것이며 나머지는 필자의 지식에 의한 것이다.

10) '책따세'와 '아나바다'는 강범모(2010, p. 127)에서 인용하였다.

11) 오이시 쓰요시(大石強), 앞의 책, 1994, pp. 219~220.

12) 다나카 하루미(田中春実) *et al.* 앞의 책, 1992, p. 418.

제6장 문장의 구조—통사론

우리가 단어를 정확하게 암기하였다고 해서 'A pretty girl came to him'이라고 해야 하는 문장을 '*Girl a pretty came him to'로 배열해 버린다면 그것은 영어에서는 용납되지 않는다. 전자의 문장은 문법적으로 적법하지만, 후자의 문장은 적법하지 않기 때문이다. 이와 같이 어떤 문장이 적법한지 혹은 적법하지 않은지에 대한 지식을 직관이라고 하는데, 모든 언어 화자의 뇌리 속에는 바로 이러한 직관에 관련된 능력이 들어 있다. 통사론이라는 언어학의 영역에서는 이와 관련된 언어 현상을 다룬다. 제6장을 철저히 학습하면 해당 원어민의 의식 속에 들어 있는 언어규칙을 충분히 이해할 수 있을 것이며, 원어민 뺨치는 문장을 구사할 수 있는 지적 능력을 갖추게 될 것이다.

제6장의 키워드

통사론(syntax), 생성변형문법이론(generative-transforma-
tional grammar), 중의성(ambiguity), 수형도(tree diagram),
나무(tree), 뿌리(root), 가지(branch), 마디(node), 최종적인 마
디(terminal node), 직접 지배(immediate domination), 구성성
분(constituent), 직접 구성성분(Immediate Constituent, IC),
절(clause), 구(phrase), 명사구(noun phrase), 동사구(verb
phrase), 구표지(phrase marker), 구구조규칙(phrase structure
rule), 심층구조(deep structure), 변형(transformation), 표
면 구조(surface structure), 어순(word order), 격표지(case
marking), 일치(agreement)

6.1 단어와 단어의 문법 관계-통사적 현상

우리가 단어를 정확하게 암기하였다고 해서 'A pretty girl came to him'이라는 문장을 저절로 산출할 수 있다고는 할 수 없다. 예를 들어 암기한 단어를 '*Girl a pretty came him to'와 같이 산출해 버리면 영어에서는 그 문장이 용납되지 않는다(*표시는 해당 문장이 문법적으로 적법하지 않다는 것을 의미한다. 이하 동일). 이것은 단어와 단어에 일정한 문법 관계가 존재하며, 영어 원어민이 특정 문장이 문법적으로 적법한지 혹은 적법하지 않은지에 대한 지식을 직관적으로 가지고 있다는 것을 의미한다. 이와 같이 모든 언어 화자의 의식에 내재되어 있는 문법적 지식을 언어 능력이라고 한다.

언어학에서는 이와 같은 원어민의 언어 능력, 즉 적격한 단어 배열에 관한 원어민의 언어 능력을 규명하는데, 구체적으로 통사론(syntax)이라는 분야에서 이를 집중적으로 다룬다. 이 장에서는 문장을 적법하게 산출해 내는 데에 필요한 원어민의 언어 능력, 문장 구조, 변형에 대해서 개관하기로 한다.

6.2 모어화자의 언어 능력

그러면 특정 언어의 원어민이 지니고 있는 언어 능력이란 구체적으로 어떠한 능력을 말하는지 살펴보도록 하자. 일반적으로 원어민의 언어 능력은 ① 문법성에 관한 직관, ② 단어나 구의 통사 범주에 관한 직관, ③ 문장 구조에 관한 직관, ④ 문법 기능에 관한 직관, ⑤ 문장의 통사적 중의성에 관한 내성적 지식, ⑥ 동의적 문장에 관한 내성적 지식으로 분류된다. 이하에서는 영어, 일본어, 한국어 예를 들어가며 설명하도록 하겠다.

① 문법성에 관한 직관

특정 언어의 원어민은 대부분 문장을 만들어낼 때 혹은 만들어진 문장을 보고 그것이 문법적으로 적법한 문장인지 아닌지를 식별할 수 있다. 예를 들어 한국어, 일본어, 영어 원어민은 a 문장은 문법적으로 타당하지만, b 문장은 문법적으로 타당하지 않다는 것을 알고 있다.

한국어

　　a. 김 부장의 아들이 서울대 의대에 입학하였다.

　　b.*의대 이 아들의 김 부장 서울대 입학에 하였다.

일본어

　　a. 彼女はスパゲッティが好きだ。

　　　'그녀는 스파게티를 좋아한다.'

　　b.*はスパゲッティ好きだが彼女。

영어

　　a. Who do you think that John kissed?

　　　'존이 키스한 사람이 누구라고 생각하니?'

　　b.*Who do you think that kissed John?

전통적인 통사론에서는 a와 같은 적법한 문장만을 다루고 있는 데
반해 생성변형문법이론(generative-transformational grammar)에서는 b와
같은 부적법한 문장에 대해서도 면밀히 관찰한다. 즉 문법적으로 적법
한 문장과는 별도로 부적법한 문장을 통해서 그 문장이 어떻게, 왜, 어
떤 점에서 부적법한지를 규명하는 것으로 원어민의 뇌에 내재된 언어
규칙을 기술하는 데에 정밀화를 기할 수 있기 때문이다.

② 단어나 구의 통사 범주에 관한 직관

원어민은 특정한 문장이 문법적인지, 혹은 비문법적인지에 대한
지식뿐만 아니라 해당 단어나 구가 지니는 통사 범주에 대한 언어 능
력(지식)도 갖추고 있다. 예를 들면 한국어 원어민은 '슬프다'라는 단어
(형용사)가 '지우개', '사과', '칵테일', '대학' 등의 단어(명사)와는 이질적
인 요소라는 것을 직관적으로 알고 있다.

한국어
    a. 지우개, 사과, 슬프다, 칵테일, 대학
    b. 울다, 자다, 씻다, 일찍, 달리다

일본어
    a. 消しゴム, りんご, さびしい, ワイン, 運命
        지우개, 사과, 외롭다, 와인, 운명
    b. 走る, おそく, 起きる, 読む, 泣く
        달리다, 늦게, 일어나다, 읽다, 울다

영어[1]

    a. tall, see, cool, beautiful, rich

    b. tall and strong, drink and eat, cool if not cold, beautiful
      and rich

영어에서도 동일한 설명이 가능하다. 위에 제시한 영어의 'see'는 다른 단어들과는 구별되는 이질적인 요소라는 것을 영어 원어민은 알고 있다. 그뿐만 아니라 영어 원어민은 이들 단어가 b와 같이 단어와 단어와의 결합을 허용한다는 것을 알고 있다. 또한 한국어나 일본어 원어민은 명사에는 주격 조사가 결합되지만, 형용사에는 그것이 불가능하다는 사실도 잘 알고 있다. 예를 들어 한국어 원어민은 다음과 같은 문장은 문법적으로 잘못된 문장으로 생각한다.

한국어

    a.*예쁜-가 소녀가 벤치에 앉아-가 있다.

    b.*그 사람은 잘생겼다고 키가 크다.

③ 문장 구조에 관한 직관

특정 언어의 원어민은 특정 문장 구조에 대한 언어 능력도 지니고 있다. 이하의 한국어, 일본어, 영어를 살펴보도록 하자.

한국어

    a. 철수가 성경을 일주일 만에 독파했다.

b. 철수가 <u>말이야</u>, 성경을 <u>말이야</u>, 일주일 만에 글쎄 독파했대.

일본어

   a. 山田君はこの小説を1日で読んだ。

     '야마다 군은 이 소설을 하루 만에 읽었다.'

   b. 山田君は<u>ね</u>、この小説を<u>ね</u>、1日で<u>ね</u>、読んだ。

     '야마다 군은 말이야, 이 소설을 말이야, 하루 만에 읽었어.'

영어

   a. The boy likes the girl.

     '소년이 소녀를 좋아한다.'

   b. 〔The boy〕 likes 〔the girl〕

   c. 〔The boy〕 〔likes 〔the girl〕〕

예를 들어 한국어 원어민은 '철수가 성경을 일주일 만에 독파했다'라는 문장이 단순히 균질적으로 나열된 것이 아니라 몇 가지 단위 즉 '철수가', '성경을', '일주일 만에'와 같이 하나의 단어가 다른 단어와 결합하여 원래 단어보다 큰 단위를 이루고 있음을 알고 있다.

한편 영어의 경우, 영어 원어민은 'The boy likes the girl'에서 'boy'는 오른쪽의 'likes'보다는 왼쪽의 'the'에 더 가깝고, 뒤의 'girl'은 'likes' 뒤의 'the'에 더 가깝다는 사실을 잘 알고 있다. 그리고 'likes'는 뒤의 'the girl'에 더 가깝다는 사실도 잘 알고 있다. 통사론에서는 영어의 예 b, c에서 보듯 '〔 〕'로 단위(구성성분, constituent)를 표시한다.

④ 문법 기능에 관한 직관

특정 언어의 원어민은 특정 단어가 문장 속에서 문법적으로 어떤 역할을 하는지에 대한 언어 능력도 갖추고 있다. 예를 들면 다음의 한국어 예는 4개 모두 표면적으로는 동일한 구조를 지니고 있다.

한국어

    a. 살찐 사람은 오래 달리기 어렵다.

    b. 초서체는 쓰기 어렵다.

    c. 이 연필은 쓰기 어렵다.

    b. 한지는 (글씨를) 쓰기 어렵다.

즉, 위의 예는 모두 'X은/는 V기+어렵다' 구조를 지니지만 'X은/는'의 문법 기능은 같지 않다. a의 '살찐 사람'은 달리는 주체라고 할 수 있으며, b의 '초서체'는 '쓴다'라는 동작의 결과이다. c의 '연필'은 동작의 도구로서 해석되며, d의 '한지'는 동작의 대상이라고 할 수 있다. 다음의 일본어와 영어의 예에 대해서도 동일한 설명이 가능하다.

일본어[2)]

    a. 太った人は走りにくい。

      '뚱뚱한 사람은 잘 달리지 못한다.'

    b. アラビア文字は書きにくい。

      '아라비아 문자는 쓰기 어렵다.'

    c. このボールペンは書きにくい。

      '이 볼펜은 쓰기 어렵다.'

d. この和紙は書きにくい。

'이 일본 전통지는 (글씨를) 쓰기 어렵다.'

영어

a. The pencil writes well.

b. This paper writes well.

⑤ 문장의 통사적 중의성에 관한 내성적 지식

특정 언어의 원어민은 문장의 통사적 중의성에 관한 내성적 지식도 가지고 있다. 즉 아래의 문장은 두 가지 의미로 해석할 수 있다. 즉 하나의 문장에서 두 가지로 통사적 분석이 가능하다는 중의성 (ambiguity)이 나타나는데, 원어민은 내성에 의해서 이러한 중의성을 직관적으로 파악할 수 있다. 예를 들어 한국어 원어민은 한국어 예 a 와 b가 각각 a′, a″, b′, b″의 중의성을 낳는다는 직관을 가지고 있다.

한국어

a. 학교 정문에 젊은 여자와 군인이 있다.

a′. 학교 정문에 〔〔젊은 여자〕와 〔군인〕〕이 있다.

a″. 학교 정문에 〔젊은 〔여자와 군인〕〕이 있다.

b. 엄마는 큰딸을 자기 방에서 자게 하였다.

b′. 엄마는 큰딸을 엄마 방에서 자게 하였다.

b″. 엄마는 큰딸을 큰딸 방에서 자게 하였다.

다음의 일본어 '大きい男の子のズボン'의 경우, a와 같이 남자아이가 크다는 것을 의미할 수 있고, b와 같이 바지가 크다는 것을 의미할 수도 있어 결국 중의성이 발생하게 된다.

일본어

　　大きい男の子のズボン

　　'큰 남자아이의 바지.'

　a. 男の子が大きい。

　　'남자아이가 크다.'

　b. ズボンが大きい。

　　'바지가 크다.'

영어의 원어민 역시 아래의 문장에서 a와 b라는 중의성이 발생한다는 사실을 잘 알고 있다.

영어[3]

　　Visiting relatives can be boring.

　a. Relatives who are visiting you can be boring.

　　'당신을 방문 중인 친척들은 지루한 존재일 수 있다.'

　b. Going to visit relatives can be boring.

　　'친척들을 방문하러 가는 것은 지루할 수 있다.'

⑥ 동의적 문장에 관한 내성적 지식

문장의 통사적 중의성에 관한 내성적 지식에서 살펴본 것은 하나의 형식에서 두 가지 이상의 중의성이 발생하는 경우였지만, 복수의 다른 문장 형식이 동일한 의미를 나타내는 경우도 있다. 예를 들면 한국어 원어민은 a문장과 b문장에서 '두세 척'의 위치가 다름에도 불구하고 두 문장이 서로 동일한 의미를 지닌다는 것을 잘 알고 있다.

한국어
  a. 갑자기 두세 척의 군함이 앞바다에 나타났다.
  b. 갑자기 군함 두세 척이 앞바다에 나타났다.

한편 일본어와 영어의 예에서 보듯, 문장의 단어가 각기 다르게 배열됨에도 불구하고 제각기 동일한 의미를 지닌다는 것을 일본어나 영어 화자들은 잘 알고 있다.

일본어
  a. 犬が猫を追いかけている。
  '개가 고양이를 쫓고 있다.'
  b. 猫が犬に追いかけられている。
  '고양이가 개에게 쫓기고 있다.'

영어
  a. It seems that Smith is honest.
  b. Smith seems to be honest.

지금까지 우리는 특정 언어의 원어민이 지니고 있는 ① 문법성에 관한 직관, ② 단어나 구의 통사 범주에 관한 직관, ③ 문장 구조에 관한 직관, ④ 문법 기능에 관한 직관, ⑤ 문장의 통사적 중의성에 관한 내성적 지식, ⑥ 동의적 문장에 관한 내성적 지식을 살펴보았는데, 이러한 언어 능력은 너무나도 당연한 것으로 평소에는 잘 의식되지 않는다. 통사론, 특히 생성문법에서 취급하는 통사론은 이와 같은 무의식적인 언어 능력을 명시적으로 기술하고 그것에 따라서 언어의 규칙성을 확립해 나가려는 언어학의 한 분야라고 할 수 있다.

6.3 문장의 구조

6.2절에서는 특정 언어의 원어민이 지닌 언어 능력에 대해서 살펴보았다. 그런데 원어민의 의식에 내재된 언어 능력을 통사론적으로 파악하기 위해서는 일반적으로 문장 구조라는 기본 개념, 즉 구구조분석, 구조적인 중의성, 구구조규칙에 대한 명확한 파악이 요구된다.

① 구구조분석

문장의 구조는 [ ]로 표시할 수도 있고 수형도(tree diagram)로 표시할 수도 있다. 예를 들면 영어 예 'A dog chased a monkey'는 (1a)로도 (1b)로도 표시할 수 있다.

(1) A dog chased a monkey.

    a. 〔A dog〕〔chased a monkey〕

b.

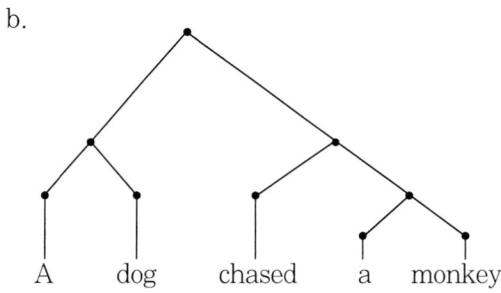

A   dog   chased   a   monkey

　(1a)와 (1b)는 내용상으로 동일한데, 그것을 표시함에 있어 지면의 제약을 받을 경우에는 (1a)의 방법이, 체계적이고 명시적으로 표시해야 할 경우에는 (1b)와 같은 방법이 선호된다. (1b)에서 보듯 수형도란 그 이름이 의미하는 바와 같이 나무(tree)를 모방한 비유 표현이다.

　나무는 단일의 뿌리(root)를 가지며, 그 뿌리 위로 가지(branch)가 뻗어 있다. 가지는 마디(node)로 갈라진다. 더 이상 가지가 뻗지 않는 마디는 최종적인 마디(terminal node)라고 하며 그 아래에 어휘 요소가 배치된다. 상위 마디는 바로 아래의 마디를 직접 지배(immediately dominate)한다고 한다. (1)에서 보듯 〔 〕로 표시된 부분, 점(•)으로 표시된 부분을 구성성분(constituent)이라고 한다. 즉 〔A dog〕도 〔dog〕도 모두 구성성분이 될 수 있다.

　작은 단위의 구성성분이 보다 큰 단위의 구성성분의 일부가 될 경우, 그 작은 단위의 구성성분은 큰 단위의 구성성분의 직접 구성성분(Immediate Constituent, IC)이 된다. (1b)로 말하면 하나의 점(•) 바로 아래에 위치하는 점이 직접 구성소이다. 이와 같이 문장을 IC로 분석하는 것을 구성성분 분석(IC분석)이라고 한다. 이 분석은 문장이 계층적 구조를 지니기 때문에 가능한 것이다.

　그런데 계층적 구조를 지니는 문장은 단순히 구성성분만을 의미하는 것이 아니라 구성성분(단어나 구)의 통사 범주에 관한 원어민의 직관까지 내포하고 있음을 유념하지 않으면 안 된다. 예문 (1)의 구성성분은 통사 범주의 차이를 설정하면 다음의 (2)와 같이 분류할 수 있다.

　　(2) A dog chased a monkey.

　　　a. A

　　　b. dog, monkey

　　　c. chased

　(2a)는 일반적으로 관사로 불리며, 명사 앞에 놓인다. (2b)는 명사이며 주어, 목적어, 술어가 될 수 있다. (2c)는 동사로 불리며 과거시제나 미래시제를 나타내는 구성성분과 결합이 가능하다. 이와 같이 구성성분(단어)은 공통된 통사적 범주로 분류되는데, 예를 들어 명사, 관사, 동사 등을 통사 범주라고 한다.

　그런데 〔dog〕는 명사이지만, 〔A dog〕와 같은 단위가 되면 이것은 구성성분(단어)보다는 크며 절(clause)보다는 작은 단위, 즉 구(phrase)가 된다. 〔A dog〕에서 'dog'가 의미상 중요하므로 명사구(Noun Phrase)라고 부른다. 〔chased a cat〕은 동사가 의미상 중요하므로 동사구(Verb Phrase)라고 부른다. 영어에는 다음과 같은 구성소의 통사 범주를 들 수 있다. 일반적으로 각 구성소의 통사 범주 예를 들어 'Noun Phrase'는 NP로 표시한다.

(3) S: Sentence

　　NP: Noun Phrase(the book, beautiful woman)

　　VP: Verb Phrase(take a shower, run to the park)

　　PP: Prepositional Phrase(with a knife, in a Taxi)

　　N: Noun(park, pencil, radio)

　　V: Verb(cry, eat, talk)

　　P: Preposition(in, on, at, to, from)

　　Det: Determiner(a[an], the, this, his, her, my)

　　(3)과 같은 통사 범주에 바탕을 두고 'A dog chased a monkey'를 수형도로 나타내면 다음과 같은데, 이러한 수형도를 구표지(Phrase marker, P-marker)라고 한다. 구표지를 사용하면 주어진 문장의 통사 구조가 매우 명확하게 표시될 뿐만 아니라 다른 문장과 어떤 점에서 공통점 혹은 차이점을 지니는지를 명확하게 파악할 수 있다는 이점이 있다.

(4)

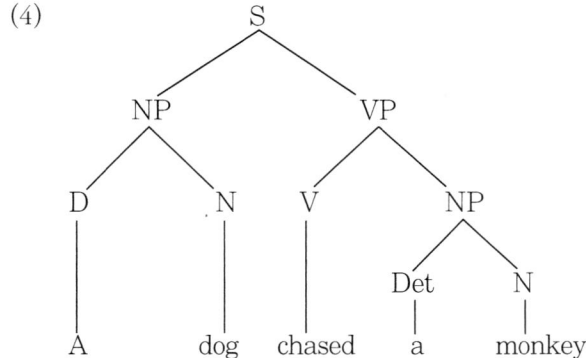

② 구조적인 중의성

구표지를 사용하여 특정 문장의 통사 구조를 명확하게 표시하였다고 해도 여전히 문제는 남는다. 그것은 문장의 통사적 중의성에 대한 문제이다. 즉 (5)의 영문은 (5a)로도 (5b)로도 해석될 수 있다.

(5) Peter read her books.

    a. 피터는 그녀의 책을 읽었다.

    b. 피터는 그녀에게 책을 읽어 주었다.

(5a)와 (5b)의 의미를 지니는 문장은 각각 (6)과 (7)로 나타낼 수 있다.

(6)

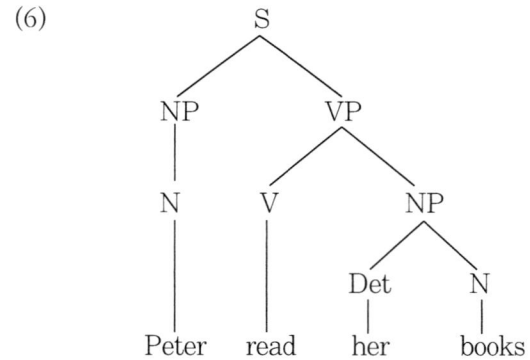

(7)

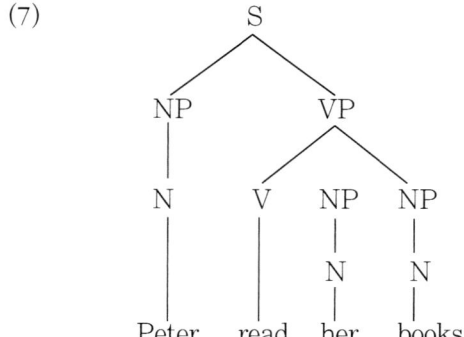

통사적인 중의성이 작용함에도 불구하고 (6)와 (7)에서 보듯 구표지는 특정 문장에서 생기는 통사적 중의성을 명확하게 구별할 수 있는 매우 효과적인 도구가 될 수 있다.

③ 구구조규칙

원어민이 일정한 문장을 산출해 낼 수 있는 것은 그 산출을 가능하게 하는 규칙이 내재되어 있기 때문이라는 것이 생성변형문법이론의 관점이다. 예를 들어 (4)에서 예시한 'A dog chased a monkey'의 수형도는 'The girl kicked the boy', 'The tiger ate the meat', 'My mother bought a bag' 등의 모든 타동사문에도 그대로 적용된다.

그런데 이들 타동사문의 산출에는 일정한 규칙이 있음을 알 수 있는데 생성변형문법이론에서는 이 규칙을 구구조규칙(Phrase Structure rule, PS rule)이라고 한다. 이 규칙은 다음과 같이 제시된다.

(8) a. S → NP VP

　　 b. VP → V NP

　　 c. NP → Det N

　(8a)의 규칙은 S라는 마디(node)에서 NP와 VP라는 가지가 갈라지는 것을 나타낸다. 그리고 VP라는 마디에서 V와 NP라는 가지가 갈라져나오고, NP라는 마디에서 Det와 N이라는 가지가 갈라져 나오는 것을 나타낸다. 이를 정리해서 제시하면 다음과 같다.

(9)

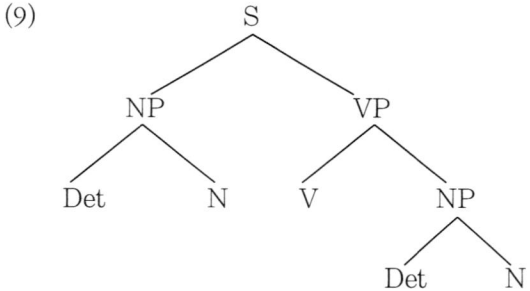

　(9)에서 제시된 구구조규칙은 영어의 모든 문장을 규정하지 않으며 여러 가지 수정이나 다른 규칙을 보완해야 하는 것은 물론이다. 다양한 수정을 통해서 일반적으로 다음과 같은 구구조규칙이 제시된다 (괄호는 해당 구표지가 수의적이라는 의미이다).

　(10) a. S → NP Aux VP

　　　☞ Aux(시제, 조동사, 진행형, 완료형)

　　　b. NP → (Det) (Adj) N

　　　☞ Adj(adjective, 형용사)

c. VP → V (NP) (PP)

☞ PP(prepositional phrase, 전치사구)

d. PP → P NP

e. Det → Art or Dem

☞ Art(article, 관사[a, an])/ Dem(demonstrative, 지시사[this, that])

(10)에서 제시한 구구조규칙은 (8)을 보완한 것이지만, 그 역시 더 많은 보완이 요구되며, 지면의 제약상 본서에서는 더 이상 언급하지 않기로 한다.

6.4 변형

구구조규칙만으로 원어민의 광범위한 언어 능력(통사론적 능력)을 따라잡을 수 있으면 매우 이상적이겠지만 현실적으로는 구구조규칙만으로 설명할 수 없는 언어 현상이 많이 존재한다. 따라서 생성변형문법이론에서는 심층구조와 표면구조, 변형이라는 이론적 도구가 필요하게 되었다. 이하에서는 구구조분석의 한계와 심층구조와 표면구조, 심층구조와 변형규칙에 대해서 살펴보도록 한다.

① 구구조분석의 한계

구구조분석의 한계로 첫째, 통사론적으로 애매한 문장이 존재한다는 것을 들 수 있다. 즉 (11)의 문장은 (11a)의 의미도, (11b)의 의미도 나타낼 수 있다.

(11) Flying kites can be dangerous.[4]

    a. 연을 날리는 것은 위험할 수 있다.

    b. 날고 있는 연은 위험할 수 있다.

(11)의 예문만으로는 (11a)와 (11b)의 의미를 명확하게 하기 위한 두 가지의 구구조분석을 할 수 없는데, 그 이유는 (11)의 문장이 다음의 (12)와 같은 수형도만을 그릴 수 있기 때문이다.

(12)

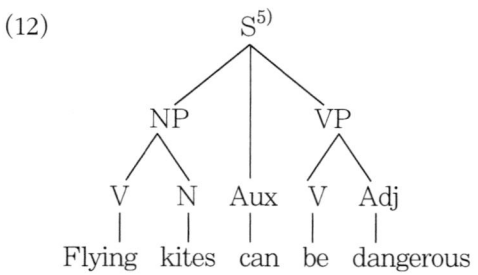

구구조분석의 두 번째 한계는 다음의 예문에서 보듯 문장 구조가 완전히 다름에도 동일한 의미를 지니는 문장이 존재하는 데에 있다.

(13) a. That Smith will succeed is unlikely.

    b. It is unlikely that Smith will succeed.

    c. Smith is unlikely to succeed.

(13)에서 제시된 세 문장에서는 각기 다른 수형도가 그려질 것임에도 의미는 거의 동일하다.

구구조분석의 세 번째 한계는 비연속적인 구성성분에 대해 해결책을 제시할 수 없다는 데에 있다. 예를 들어 'be~ing'는 (14a)에서 보듯 분리된, 즉 비연속적으로 나타난다. 구구조분석은 지금까지 보아 온 것처럼 연속적인 구성성분만을 대상으로 하기 때문에 이와 같은 비연속적 구성성분은 구구조분석으로 처리할 수가 없다.

(14) a. She is cleaning the house.

   b. She brought her package down.

구구조분석의 마지막 한계는 표면적으로 동일한 수형도를 그릴 수 있지만, 의미적 특성 및 통사적 특성이 전혀 다른 문형에 대해서는 분석할 수 없다는 것에 있다.

(15) a. Smith is eager to please.

   b. Smith is easy to please.

(15a)에서 'Smith'는 'please'의 행위자(agent)이며, (15b)에서 'Smith'는 불특정 다수 행위자의 행위 대상(patient)이다.

② 심층구조와 표면구조
① 에서 설명한 구구조분석의 한계를 정리하면 다음과 같다.
ⅰ) 문장이 구조적으로 애매한 현상을 설명하기가 어렵다.
ⅱ) 문장 구조가 다름에도 불구하고 의미가 동일한 문장을 설명하기가 불충분하다.

iii) 비연속적인 구성성분을 구표지로 표시하기가 불가능하다.

iv) 표면적으로 동일한 구조를 가지는 문장이 의미상 또는 통사적으로 구별되는 것을 포착하기 어렵다.

이들 구구조분석의 한계를 극복하기 위해서 생성변형문법이론에서 심층구조(deep structure) 및 변형(transformation)이라는 이론적 도구를 고안하기에 이르렀다. 즉 생성변형문법이론에서는 각각의 문장에는 표면적인 구조와는 별도로 눈에는 보이지 않는 추상적인 구조, 즉 심층구조가 있는 것으로 생각하고 있다.

구구조분석으로는 포착할 수 없는 문장이 존재하는 것은 문장의 표면적인 구조(표면구조[surface structure])가 문장의 의미를 충실하게 반영하지 않기 때문이다. 따라서 원래 심층구조가 존재하는 것으로 가정하는 것이다. 즉 심층적으로 다른 구조를 가지는 문장이 변형되어 표면구조로서 구체적인 형태를 취하는 것으로 생각하는 것이다.

먼저 구조적으로 애매한 문장에 대해서 생성변형문법이론에서는 변형이라는 이론적 도구를 사용하여 다음과 같이 분석한다.

(16) Mr. John likes fishing better than his son.

    a. 〔Mr. John likes fishing better than Mr. Smith likes his son.〕

    b. 〔Mr. John likes fishing better than his son likes fishing.〕

즉 (16)의 문장은 (16a)의 의미도, (16b)의 의미도 나타내는데, 이 것은 두 가지의 각기 다른 심층구조가 변형에 의해서 하나의 표면구조를 띠게 되었기 때문이다.

둘째, 문장 구조가 다른, 예를 들어 'The boy ate the apple'과 'The apple was eaten by the boy'와 같은 능동문과 수동문이 동일한 의미를 나타내는 것은 1개의 심층구조에 변형이 가해져 2개의 표면구조가 얻어졌기 때문이다.

셋째, 비연속적인 구성성분에 대해서 심층구조와 변형이라는 개념을 도입하면 모순 없이 설명이 가능하다. 예를 들면 (14b)의 'She brought her package down'은 표면구조에서 'bring'과 'down'이 분리되어 있지만, 심층구조에서는 'bring'과 'down'이 연속적인 구성성분으로 생각한다. 그런데 'down'의 이동이라는 변형규칙이 적용되어 표면구조에서 비연속적인 구성성분이 된 것으로 생각한다.

마지막으로 표면적으로 동일한 구조를 가지는 문장(예를 들면 (16)) 이 의미상 또는 통사적으로 구별되는 것을 포착하기 어려운 언어 현상에 대해서도 두 개의 다른 심층구조가 변형되어 동일한 하나의 표면구조를 취하고 있는 것으로 생각할 수 있다.

6.5 통사론에서 다루는 주제

현대의 통사론(생성변형문법이론)에서 다루는 중요한 주제로 ① 어순, ② 격표지, ③ 일치, ④ 수동문, ⑤ 대용표현, ⑥ 삭제, ⑦ 인상, ⑧ 불변화사 이동, ⑨ 여격 이동, ⑩ 양화사의 유리, ⑪ 주제화, ⑫ 의문문, ⑬ 관계절, ⑭ 외치, ⑮ 분열문, ⑯ There 구문, ⑰ 섬 제약, ⑱ 표면 필터 등을 들 수 있다.[6] 이하에서는 ① 어순, ② 격표지, ③ 일치, ④ 수동문에 대해서만 간략히 설명하도록 한다.

① 어순(word order)
다음의 예문 (17)의 한국어와 영어는 어순이 다르다.

(17) 책을 산 소년 the boy 〔who bought the book〕
      소년이 산 책 the book 〔which the boy bought〕

생성변형문법이론에서는 구구조분석을 통해 문장 구성성분의 지배 관계에서 나타나는 공통점과 차이점을 규칙으로 기술한다.

② 격표지(case marking)
언어에 따라 주어가 되는 명사구와 목적어가 되는 명사구를 나타내는 방법이 다르다. 예를 들어 한국어에서는 '개가 고양이를 쫓아갔다'에서 보듯 주어는 '가'라고 하는 격표지로, 목적어는 '를'이라고 하는 격표지로 각각 주어와 목적어가 표시된다. 반면에 영어에서는 'A dog

chased a cat'에서 보듯 어순에 의해서 격이 표시된다. 생성변형문법 이론에서는 이를 근거로 세계의 언어를 유형론적으로 분석한다.

③ 일치(agreement)

영어에서는 'I come'과 'He comes'에서 보듯 주어(3인칭), 시제(현재), 수(단수)라는 조건에서 술어가 'comes'와 같은 특별한 형태를 취하는데, 이를 일치(agreement)라고 한다. 일치라는 언어 현상은 넓게 보면 성(gender), 격(case), 정·부정(definite-indefinite)에서도 나타나며, 넓게 보면 일치라는 언어 현상이 언어마다 제각기 다르게 나타나기도 한다. 따라서 생성변형문법이론에서는 언어마다 다른 일치의 방법을 보편적으로 혹은 상대적으로 설명한다.

④ 수동문

생성변형문법이론에서는 수동문을 능동문이 심층구조에서 수동화규칙이라는 변형규칙에 의해 파생된 것으로 보는데, 자세히 보면 수동화규칙의 양상이 다양하다. 그리고 언어마다 수동화규칙의 양상이 유사한 것도 있는가 하면, 전혀 다른 것도 있다. 생성변형문법이론에서는 언어마다 유사하거나 다른 수동화규칙을 제시하며 설명을 시도한다.

제6장 연습문제

1. 자신이 전공하고자 하는 언어, 관심이 가는 언어, 본 교재에서 예시된 것 이외의 문법성에 관한 직관을 예시하는 10개 정도의 예를 문헌이나 인터넷을 이용하여 찾아보고 그 결과를 정리해 봅시다.

2. 자신이 전공하고자 하는 언어, 관심이 가는 언어, 본 교재에서 예시된 것 이외의 단어나 구의 통사 범주에 관한 직관을 예시하는 10개 정도의 예를 문헌이나 인터넷을 이용하여 찾아보고 그 결과를 정리해 봅시다.

3. 자신이 전공하고자 하는 언어, 관심이 가는 언어, 본 교재에서 예시된 것 이외의 문장 구조에 관한 직관을 예시하는 10개 정도의 예를 문헌이나 인터넷을 이용하여 찾아보고 그 결과를 정리해 봅시다.

4. 자신이 전공하고자 하는 언어, 관심이 가는 언어, 본 교재에서 예시된 것 이외의 문법 기능에 관한 직관을 예시하는 10개 정도의 예를 문헌이나 인터넷을 이용하여 찾아보고 그 결과를 정리해 봅시다.

5. 자신이 전공하고자 하는 언어, 관심이 가는 언어, 본 교재에서 예시된 것 이외의 문장의 통사적 중의성에 관한 내성적 지식을 예시하는 10개 정도의 예를 문헌이나 인터넷을 이용하여 찾아보고 그 결과를 정리해 봅시다.

6. 자신이 전공하고자 하는 언어, 관심이 가는 언어, 본 교재에서 예시된 것 이외의 동의적 문장에 관한 내성적 지식을 예시하는 10개 정도의 예를 문헌이나 인터넷을 이용하여 찾아보고 그 결과를 정리해 봅시다.

7. 자신이 전공하고자 하는 언어, 관심이 가는 언어, 본 교재에서 예시된 것 이외의 문장을 선별하여 그 문장을 구구조분석을 해 봅시다.

8. 자신이 전공하고자 하는 언어, 관심이 가는 언어, 본 교재에서 예시된 것 이외의 구조적인 중의성과 관련된 예를 찾아 정리해 봅시다.

9. 자신이 전공하고자 하는 언어, 관심이 가는 언어, 본 교재에서 예시된 것 이외의 구구조규칙으로 문장을 해석해 봅시다.

10. 자신이 전공하고자 하는 언어, 관심이 가는 언어, 본 교재에서 예시된 것 이외의 예를 가지고 구구조분석의 한계와 심층구조와 표면구조, 심층구조와 변형규칙을 설명해 봅시다.

11. 자신이 전공하고자 하는 언어, 관심이 가는 언어의 어순, 격표지, 일치, 수동문, 대용표현, 삭제, 인상, 불변화사 이동, 여격 이동, 양화사의 유리, 주제화, 의문문, 관계절, 외치, 분열문, There 구문, 섬 제약, 표면 필터에 관련된 기본적 내용을 인터넷이나 문헌에서 찾아 정리해 봅시다.

제6장 주

1 시바타니 마사요시(柴谷方良) *et al.*, 『言語の構造-意味·統語篇』, くろしお出版(日本, 東京), 1991b, p. 150.

2 시바타니 마사요시(柴谷方良) *et al.*, 앞의 책, 1991b, p. 151.

3 Ray Jackendoff, 『마음의 구조-언어를 통해 본 인간의 본질』, 이정민·김정란 역(서울: 태학사, 2002), p. 89.

4 시바타니 마사요시(柴谷方良) *et al.*, 앞의 책, 1991b, p. 188.

5 시바타니 마사요시(柴谷方良) *et al.*, 앞의 책, 1991b, p. 188.

6 시바타니 마사요시(柴谷方良) *et al.*, 앞의 책, 1991b, pp. 213~447 참조.

제7장 단어의 의미·문장의 의미 – 의미론

예를 들어 'A pretty girl came to him'이라는 문장에서 'girl'이라는 단어는 그 자체의 음성적인 측면과 'a female child'라고 하는 의미적 측면을 동시에 가지고 있다. 'girl'뿐만 아니라 다른 단어들도 제각기 고유의 의미를 지니고 있다. 그리고 특정한 단어 'girl'을 다른 단어와 비교를 해보면 'boy'와 같은 단어 사이의 의미적인 차이점과 공통점을 밝혀낼 수도 있다. 그리고 각 단어는 'A pretty girl came to him'과 같이 배열되어 문장(sentence)이라고 하는 보다 큰 단위의 의미를 나타내기도 한다. 당연하지만 각 단어는 고유의 의미를 지닐 뿐만 아니라 문장이라는 보다 큰 언어 단위의 의미를 구성하는 데에도 영향을 미친다. 이와 같이 단어의 의미, 문장의 성립에 관여하는 단어와 단어 사이의 의미, 나아가 문장을 구성하는 단어들의 의미 관계, 문장의 의미를 연구하는 언어학 분야를 의미론(semantics)이라고 한다. 이 장에서는 의미론에 대해서 살펴보기로 한다.

제7장의 키워드

의미론(semantics), 의미(meaning), 다의어(polysemy), 성분 분석(componential analysis), 계열적(paradigmatic)인 관계, 유의어(synonym), 반의어(antonym), 상위어(hyperonym), 하위어(hyponym), 동위어(appositive), 의미의 장(semantic field), 의미의 망(semantic network), 통합(syntagmatic) 관계, 모순(contradiction), 장황(redundant), 중의성(ambiguity), 진리치(truth value), 거짓(false), 참(true), 함의(entailment), 모순(contradiction), 동의성(synonymous), 전제(presupposition), 지시 의미론(referential semantics), 지시적 명사구(referring noun phrase), 비지시적 명사구(non-referring noun phrase), 한정적 명사구(definite noun phrase), 비한정적 명사구(indefinite noun phrase), 특정적 명사구(specific noun phrase), 비특정적 명사구(non-specific noun phrase)

7.1 의미론 연구의 대상

예를 들어 'A pretty girl came to him'이라는 문장에서 'girl'이라는 단어는 그 자체의 음성적인 측면과 'a female child'라고 하는 의미적 측면을 동시에 가지고 있다. 'girl'뿐만 아니라 다른 단어들도 제각기 고유의 의미를 가지고 있다. 그리고 특정한 단어 'girl'을 'boy'와 같은 다른 단어와 비교해 보면 단어 사이의 의미적인 차이점과 공통점을 밝혀낼 수도 있다. 그리고 각 단어는 'A pretty girl came to him'과 같이 배열되어 문장(sentence)이라고 하는 보다 큰 단위의 의미를 나타내기도 한다. 이와 같이 각 단어는 고유의 의미를 지닐 뿐만 아니라 문장라는 보다 큰 언어 단위의 의미를 구성하는 데에도 영향을 미친다.

이와 같이 단어의 의미(meaning), 문장의 성립에 관여하는 단어와 단어 사이의 의미(의미 관계), 나아가 문장을 구성하는 단어 전체의 의미를 연구하는 언어학 분야를 의미론(semantics)이라고 한다.

그런데 여기에서 우선 유념해야 할 것은 의미론에서 말하는 '의미(meaning)'라는 것은 도대체 무엇이냐는 것이다. 우리가 일상생활에서 말하는 의미는 대략 다음과 같이 사용된다.

(1) a. 사랑이 없으면 인생은 아무런 의미도 없다.

　　b. 회장님 딸과 결혼하는 것은 출세를 의미한다.

　　c. 하루살이가 떼 지어 낮게 날아다닌다는 것은 곧 비가 온다는 것을 의미한다.

　　d. 빨강 신호등은 '멈춰라'라는 의미이다.

e. '소녀'라는 말은 '어린 여자아이'를 의미한다.

f. '복도 벽에 아빠 그림이 걸려 있다'라는 문장의 '아빠 그림'은 '아빠가 그린 그림', '아빠를 그린 그림', '아빠가 소유하고 있는 그림'과 같이 여러 가지 의미로 해석할 수 있다.

g. 친구들 사이에서 '백 원만 빌려줘'라는 표현은 백 원을 그냥 달라는 의미로 사용되는 경우가 있다.

(1a)에서 사용된 '의미'는 '가치'나 '의의'를 나타내며 철학 연구의 대상이 될 가능성이 크다. (1b)의 '의미'는 어떤 행위의 결과(회장님 딸과 결혼하는 것)가 출세로 귀결된다는 인과 관계를 나타내는 것으로, 세속적이거나 문학적인 표현이 될 수 있다. (1c)의 '의미'는 자연현상을 나타내는 것이며, (1d)의 '의미'는 사회조직을 원활하게 운영하기 위해 만들어진(고안된) 인공 기호를 나타내는 것이다. (1a)~(1d)는 자연, 사회, 인공적인 것과 관련된 것으로 이러한 것은 의미론 연구의 대상이 되지 않는다. 의미론의 연구 대상은 (1e)~(1g)의 '소녀', '아빠 그림', '백 원만 빌려줘'에서 보듯 언어 표현 자체가 지닌 내용이다.

의미론은 언어 표현 자체가 지닌 모든 내용을 규명하고 그러한 모든 것들에 대해서 체계적이고 객관적인 기술 및 설명을 제시하는 데에 그 목적이 있다. 객관적이고 체계적인 기술 및 설명이 제시되어야 하는 언어 표현을 세부적으로 제시하면 다음과 같다.

① 단어 자체의 의미

② 단어와 단어 사이의 의미

③ 문장을 구성하는 단어 사이에 존재하는 의미

④ 문장의 의미(1)

⑤ 문장의 의미(2)-지시 의미론

7.2 단어 자체의 의미

단어 자체의 의미는 주로 사전에 기술하는데, 두 가지 방식으로 기술한다. (ⅰ) 특정한 단어의 의미를 다른 단어로 치환해서 기술하는 방법과 (ⅱ)길게 문장을 풀어서(paraphrase) 기술하는 방법이다.

(2) gun ⅰ) weapon

　　　ⅱ) A gun is a weapon from which bullets or other things are fired.[1]

　　　'총은 총알이나 다른 것들이 장전된 무기이다.'

(3) のんき[2] ⅰ) 気楽なこと '마음 편한 것'

　　　ⅱ) 物事をあまり深刻に考えず心配しないこと。

　　　'사물을 그다지 심각하게 생각하지 않고 걱정하지 않는 것'

하나의 단어는 일반적으로 하나의 의미만을 가지지만 다음의 'have'와 같이 복수의 의미를 가지는 경우도 있다. 이러한 단어를 의미론에서는 다의어(多義語, polysemy)라고 한다.

(4) a. They have a car. (물질 소유)

　　b. I have a headache. (증상)

　　c. She has a beautiful smile. (신체 소유)

　　d. We have some toast. (섭취)

　(2)와 (3)에서 보듯 단어 자체에 내재된 의미 기술은 비록 그 의미가 타당하다고 하더라도 주관적일 가능성을 배제하기는 어렵다. 그렇다면 이러한 단어 자체의 의미를 구체적으로 어떻게 객관적으로 기술할 수 있느냐가 문제가 된다.

　물리세계에서 물질이 분자나 원자로 구성되는 것으로 보듯이 의미론에서도 단어에 내재된 의미를 몇몇 세세한 의미 단위로 성립된 것으로 보는데, 이러한 관점을 성분분석(componential analysis)이라고 한다. 구체적으로 말하면 성분분석은 단어의 의미를 몇 가지 의미자질로 분해하는 것이다.

　단어의 성분분석은 한 개의 단어에 국한해서 하기는 어렵고 일반적으로 복수 단어와의 의미 관계를 비교하는 데에서 그 진가를 발휘한다. 비교를 통해서 특정 단어(와 다른 특정 단어)의 의미가 보다 분명해질 수 있기 때문이다. 예를 들어 '남성', '여성', '소년', '소녀'는 서로 유사한 것도 있는가 하면 그렇지 않은 것도 있다. 직관적으로 '남성'은 '여성'과, '소년'은 '소녀'와 각각 성별(남녀)로 대립하고 있음을 알 수 있다. 그러나 〈성체〉이냐 〈비성체〉이냐는 관점에서 보면 '남성'은 '소년'과 '여성'은 '소녀'와 대립하고 있음을 알 수 있다. 이들 대립 관계를 나타내면 다음과 같다. 〈 〉내의 요소는 의미성분이라 불린다.

$$\langle 男 \rangle \quad \langle 女 \rangle$$

(5) 〈성체〉　　남성　　여성

　　〈비성체〉 소년　　소녀

　　(5)에서 제시한 성분분석은 '7.3'에서 설명하는 보다 복잡한 의미 관계를 지닌 단어에 적용하였을 때 그 진가를 발휘한다. 여기에서 진가가 발휘된다는 것은 의미기술의 경제성, 명확성을 의미한다. 예를 들어 유의어인 'smile(미소 짓다)', 'grin(방긋 웃다)', 'laugh(하하하 웃다)', 'chuckle(킥킥 웃다)', 'giggle(히히 웃다)', 'guffaw(껄껄 웃다)'는 〈소리를 내는지 여부〉, 〈소리의 피치〉, 〈치아가 보이는지 여부〉, 〈소리의 크기〉라는 의미성분으로 비교하면 다음과 같은 분석 결과를 얻을 수 있다.[3]

	smle	grin	laugh	chuckle	giggle	guffaw
발성	−	−	+	+	+	+
치아의 노출	±	+				
큰 소리			±	−	−	+
높은 피치			±	−	+	−

　　만약 의미성분이 없다면 각 단어의 의미는 다음과 같이 기술되어야 할 것이다. 위의 표와 비교해보면 기술의 경제성과 명확성에 있어 확연한 차이를 발견할 수 있다.

　　smile: When you smile, the corners of your mouth curve
　　　　　 upwards and you sometimes show your teeth.[4]

grin: When you grin, you smile broadly.

If you grin and bear it, you accept a difficult or unpleasant situation without complaining because you know there is nothing you can do to make things better.[5]

laugh: When you laugh, you make a sound with your throat while smiling and show that you are happy or amused. People also sometimes laugh when they feel nervous or are being unfriendly.[6]

chuckle: When you chuckle, you laugh quietly.[7]

giggle: If someone giggles, they laugh in a childlike, helpless way because they are amused, nervous, or embarrassed.[8]

guffaw: A guffaw is very loud, heartly laugh. To guffaw means to laugh loudly and heartily.[9]

7.3 단어와 단어 사이의 의미

의미론은 단어와 단어 사이의 의미 관계(의미가 유사한가 다른가)도 규명한다. 이러한 단어와 단어 사이의 의미 관계를 계열적 관계(paradigmatic relation)라고도 한다. 의미론에서는 단어 사이의 계열적인 관계를 해명하기 위해서 단어와 단어가 지니는 의미의 장(semantic field) 혹은 의미의 망(semantic network)을 이용한다. 예를 들어 의미론에서는 단어와 단어 사이의 의미 관계를 바탕으로 유의어, 반의어, 상위어, 하위어, 동위어 등으로 분류한다.

(6) 유의어(類義語, synonym) : 의미가 비슷한 단어를 말한다.

　　　영어) talk, speak, tell/by, until/leave, desert, quit, forsake

　　　일본어) 言う, 話す, しゃべる, 語る, 述べる / 夜, 晩 / 性質, 性格 / 旅館, 宿屋, ホテル

(7) 반의어(反意語, antonym) : 의미상 반대 관계에 있는 단어를 말한다.

　　　영어) absolute ↔ relative/abstract ↔ concrete/
　　　analysis ↔ synthesis/accept ↔ reject

　　　일본어) 大きい(크다) ↔ 小さい(작다)/売る(팔다) ↔ 買う(사다)/

　　　男(남) ↔ 女(여)/行く(가다) ↔ 来る(오다)

(8) 상위어(上位語, hyperonym, 상의어라고도 함) : 다른 단어의 의미를 내포하는 단어.

　　　영어) 'flower'는 'chrysanthemum(국화)', 'lily', 'tulip', 'rose'의 상위어이다.

　　　일본어) とり(새)는 からす(까마귀), すずめ(참새), つる(학), きじ(꿩), はと(비둘기)의 상위어이다.

(9) 하위어(下位語, hyponym, 하의어라고도 함): 다른 단어의 의미에 내포되는 단어이다.

영어) 'chrysanthemum', 'lily', 'tulip', 'rose'는 'flower'의 하위어이다.

일본어) 'からす(까마귀)', 'すずめ(참새)', 'つる(학)', 'きじ(꿩)', 'はと(비둘기)는 'とり(鳥)'의 하위어이다.

(10) 동위어(同位語, appositive): 단어 상호 간의 의미 관계가 한쪽으로 치우치는 일이 없이 의미상 평등한 관계를 이루는 단어이다.

영어) chrysanthemum, lily, tulip, rose

일본어) からす(까마귀), すずめ(참새), つる(학), きじ(꿩), はと(비둘기)

7.4 문장을 구성하는 단어 사이의 의미

문장을 구성하는 단어 간의 의미 관계를 통합 관계(syntagmatic relation)라고 한다. 통합 관계란 어떤 단어가 문장 속에서 다른 단어와 함께 사용될 수 있느냐는 가로 관계를 말한다. 다음의 예를 보도록 하자.

(11) a. 선생님의 부인은 매우 미인이다.

　　a′.*선생님 부군은 매우 미인이다.

b. 옆집에 사는 순이가 초등학교에 입학했다.

b′.*옆집에 사는 순이가 도서관에 입학했다.

c. 8년간 함께 살아오던 개가 죽어버렸다.

c′.*8년간 함께 살아오던 곰 인형이 죽어버렸다.

위의 한국어 예에서 '미인'이라는 단어는 여성, '입학하다'라는 단어는 '학교', '죽다'라는 단어는 '생물'에 대해서 그 사용이 허용되는 것임을 알 수 있다. 반면에 a′~c′는 '미인'과 '부군', '입학'과 '도서관', '곰 인형'과 '죽다'라는 의미 관계가 적절하지 않으므로 부적격 처리(*)된다. 이를 모순(contradiction)이라고 한다.

한편 다음의 예는 필요 이상으로 장황(redundant)하기 때문에 부적격 처리된다. 즉 예문 (12a)로 말하면 '미인'은 '여성'을 의미하므로 굳이 표현하지 않아도 된다.

(12) a.*저 미인은 여성이랍니다.

b.*선수가 말에서 낙마했다.

(13) a.*a male man

b. a male bull

그리고 문장을 구성하는 단어 상호 간의 의미 관계에서 중의성(ambiguity)이 생겨나기도 한다. 예를 들어 예문 (14)에서 한국의 원어민은 학생 세 명이 사과 하나를 나누어 먹었다고 해석할 수도 있고, 학생 세 명이 각각 사과 하나씩을 먹었다고 해석할 수도 있을 것이다.

(14) 학생 세 명이 사과 하나를 먹었다.

(15) 彼は1枚の写真をとった。

　　　'그는 한 장의 사진을 찍었다.'

7.5 문장의 의미(1)

　복수의 단어가 결합하여 문장을 구성할 경우, 그 문장이 지니는 의미와 다른 문장의 의미 관계에 대해서도 생각해 볼 필요가 있다. 이 경우 진리치(truth value), 함의(entailment), 모순(contradiction), 동의성(synonymous), 전제(presupposition)라는 현상이 언어에서 나타난다.

　첫째, 진리치(truth value)부터 살펴보자. 문장이 통사적으로 옳게 배열되었다고 해서 그것만으로는 충분하지 않다. 즉 우리 인간은 문장이 통사적으로 옳은가 그른가에 대한 직관을 가지는 것과는 별도로 의미적 직관도 가지는데, 이때 진리치(truth value, 참인가 거짓인가)라는 개념이 대두된다. 다음의 예문을 보자.

　(16) a.*저는 매일 오후 서울에서 워싱턴까지 조깅을 합니다.

　　　b.*저는 지금 달 표면에서 혼자 살고 있습니다.

　위의 예문은 통사적으로는 올바른 문장이지만 의미적으로는 부적격한데, 그것은 예문 (16)이 거짓(false)이라는 진리치를 지니기 때문이다. 따라서 통사적·의미적으로 올바른 문장이 되기 위해서는 참(true)

이라는 진리치를 가질 필요가 있다.

둘째, 함의(entailment)이다. 함의라는 것은 어떤 문장에서 다른 문장이 현실 세계의 지식에 의존하는 일 없이 언어의 의미만으로 특정한 문장을 함축하는 것을 말한다.

(17) a. 그 사람은 유부남이다.

b. 그 사람은 결혼하지 않았다.

c. 그 사람은 결혼했다.

즉 (17a)가 참이면 당연히 (17c)도 참이라는 것을 원어민은 직관적으로 알고 있다. 이것은 언어의 의미만으로 (17a)가 (17c)를 함의한다는 것을 원어민이 알고 있기 때문이다. 이것과 비교하여 (17a)는 (17b)를 함의하지는 않는다. 이것은 (17a)와 (17b)가 함의라는 의미 관계가 성립되지 않기 때문인데, 이를 모순(contradiction)이라고 한다. 즉 (17a)와 (17b)는 모순 관계를 형성하고 있다.

셋째, 동의성(synonymous)이다. 어느 언어의 원어민들은 어떤 문장과 어떤 문장이 동일한 의미를 지니는지 아닌지를 직관적으로 안다. 예를 들어 영어 원어민들은 다음의 예문 (18a)와 (18b)가 동일한 의미 관계에 있고, 예문 (19a)와 (19b)는 그렇지 않다는 것을 직관적으로 안다.

(18) a. The man caught the thief.

b. The thief was caught by the man.

(19) a. The robber killed the policeman.

     b. The robber caused the policeman to die.

넷째, 중의성(ambiguity)이다. 영어 원어민은 예를 들어 (20a)가 '나는 박쥐를 찾고 있다'는 해석과 '나는 (야구) 배트를 찾고 있다'는 해석이 의미적으로 겹친다는 것을 직관적으로 안다. (20b)에 대해서도 유사한 설명이 가능하다.

(20) a. I'm looking for a bat.

     b. John went to the bank.

마지막으로 전제(presupposition)이다. 해당 언어의 원어민은 다음의 문장이 통사적으로 완벽하다고 해도 의미상 타당하지 못하다는 것을 직관적으로 안다. 예를 들어 예문 (21)이 성립하기 위해서는(참이 되기 위해서는) '현재 한국에 왕이 존재'해야 한다는 전제가 필요하기 때문이다. 그리고 예문 (22)가 성립하기 위해서는(참이 되기 위해서는) '철수가 시험에 불합격했다'고 하는 전제가 필요하다.

(21) The present king of Korea is bald.

(22) 철수는 시험에 불합격한 것을 애석해 하지 않는다.

7.6 문장의 의미(2)-지시 의미론

지금까지 보아온 것처럼 의미론은 단어와 단어나 문장과 문장 사이의 관계를 문제시한다.

그런데 우리가 인생을 살아보면 언어 표현과 화자가 속하지 않은 외부의 세계가 서로 연관을 이루는 것을 볼 수 있다. 예를 들어 '톰 크루즈가 어제 인천공항에 나타났다'에서 '톰 크루즈'는 미국이라는 공간에서 살아가는 할리우드 스타를 지시한다. '인천공항'은 한국이라는 공간에 속하는 특정 공항을 지시하며, '나타났다'는 사건을 지시한다. 화자가 표현하는 장면이 공간적·시간적 구조와 어떠한 관계를 가지는지, 어떻게 하여 지시체(referent)나 개념(concept)을 지시하는가와 같은 특유의 지시 수단이나 방향을 연구하는 언어학 분야가 있는데 이를 지시 의미론(referential semantics)이라고 한다.

지시라는 용어를 자세히 살펴보면 '톰크루즈', '인천공항'과 같이 문맥과 관계없이 오로지 하나의 대상만을 지시하는 표현이 있는가 하면, 'I', 'there', 'her bag', 'today', 'next month'와 같이 반드시 문맥에 따라 지시하는 대상이 달라지는 표현이 있다. 반대로 모든 표현이 지시적 표현인 것은 아니다. 예를 들어 'reads'에서 's', 'off', 'much', 'so', 'or', 'and' 같은 표현들은 지시적 표현이 아니다.

문맥에 따라 지시하는 대상이 달라지는 지시 표현은 언어 외적인 요소가 작용하므로 그것은 화용론(pragmatics, 언어 표현, 사용자, 문맥의 관계를 연구하는 언어학 분야)에서 다루어야 할 영역이다(제8장에서 상술한다).

문맥과 관계없이 오로지 하나의 대상만을 지시하는 표현으로 고유 명사, 일반명사의 명사구(지시적 명사구, 특정적 명사구)가 있다.

① 고유명사(proper noun)

고유명사는 전형적인 지시 표현 중의 하나이다. 특정 인명이나 장소, 지명을 지시한다. 고유명사는 외부에 존재하는 것을 유일하고 고유한 것으로 간주하여 그것에 특정한 명칭을 부여하는 것에 의해 성립한다. 영어의 경우 고유명사는 무관사로 사용되며, 복수형이 없으며, 정서법상 두문자를 대문자로 표시한다는 특성을 지닌다.

America, *an America, *the America, *Americas

② 일반명사(common noun)의 명사구(noun phrase)

일반명사 중에서 정관사나 지시어가 사용된 것은 지시적 표현이 될 수 있다. 즉 아래의 표현은 문맥의 영향을 받을 수 있지만, 화자와 청자가 이미 알고 있는 지시체라는 가정하에서 성립되는 것이라고 해 두자. 그러나 일반명사의 명사구가 반드시 지시적 명사구(referring noun phrase)인 것은 아니다. 즉 비지시적 명사구(non-referring noun phrase)도 있다.

지시적 명사구 the country, this car, the teacher
비지시적 명사구 no country(for old men), few cars

그리고 지시적 명사구는 나아가 한정적 명사구(definite noun phrase), 특정적 명사구(specific noun phrase)로 구별되기도 한다. 그리고 한정적 명사구는 다시 비한정적 명사구(indefinite noun phrase)와, 특정적 명사구는 비특정적 명사구(non-specific noun phrase)와 구별된다.

한정적 명사구	the woman, this flower, the American
비한정적 명사구	a woman, a flower, an American
특정적 명사구	내 영어 수업을 담당하는 미국인은 한국어를 아주 잘한다.
비특정적 명사구	나는 미국인을 보면 모두 영화배우처럼 느껴져.

한정적 명사구는 예를 들어 화자가 'the woman'을 발화했을 때, 청자도 화자가 알고 있는 'woman'을 알고 있다는 전제하에서 발화되는 명사구이다. 비한정적 명사구는 그 반대이다.

특정적 명사구는 청자가 아닌 화자만의 문제이다. 예를 들어 영어 수업을 담당하는 미국인을 화자가 아는 경우에 사용하는 명사구이다(청자는 몰라도 된다). 반면에 두 번째 문장에서 화자는 특정한 지시체(미국인)를 염두에 두지 않았기 때문에 그 지시체는 비특정적 명사구가 된다.

제7장 연습문제

1. 일상생활에서 말하는 '의미'를 본서에서 제시된 것 이외의 것을 가지고 생각해 봅시다. 그리고 일상생활에서 말하는 여러 '의미'가 자신이 전공하고자 하는 언어, 관심이 가는 언어에서도 적용할 수 있는지 살펴보고 그 결과를 정리해 봅시다.

2. 자신이 전공하고자 하는 언어, 관심이 가는 언어 그리고 한국어에서 특정한 단어의 의미를 다른 단어로 치환해서 기술한 예와 길게 풀어서 기술한 예를 3~5개 정도를 찾아 정리해 봅시다.

3. 자신이 전공하고자 하는 언어, 관심이 가는 언어 그리고 한국어에서 10개 정도의 다의어를 찾아 정리해 봅시다.

4. 자신이 전공하고자 하는 언어, 관심이 가는 언어 그리고 한국어에서 임의로 단어를 선정하여 의미분석(특정 언어, 언어 간의 비교)을 실시해 봅시다.

5. 자신이 전공하고자 하는 언어, 관심이 가는 언어 그리고 한국어에 존재하는 유의어, 반의어, 상위어, 하위어, 동위어를 인터넷이나 문헌에서 찾아 정리해 봅시다.

6. 자신이 전공하고자 하는 언어, 관심이 가는 언어 그리고 한국어에서 진리치, 함의, 모순, 동의성, 전제에 해당하는 예를 인터넷이나 문헌에서 찾아 정리해 봅시다.

7. 자신이 전공하고자 하는 언어, 관심이 가는 언어 그리고 한국어에서 고유명사, 일반명사의 명사구(〔비〕지시적 명사구, 〔비〕특정적 명사구), 수사를 인터넷이나 문헌에서 찾아 정리해 봅시다.

제7장 주

1) Collins Cobuild(John Sinclair, Editor in Chief) *English Dictionary*, Harper Collins Publishers, 2000, p. 750.

2) 시미즈 요시아키(清水義昭), 『概説　日本語学・日本語教育』, おうふう, 2002, p. 32.

3) 시바타니 마사요시(柴谷方良) *et al*., 앞의 책, 1991b, p. 37.

4) Collins Cobuild, 앞의 책, 2000, p. 1574.

5) Collins Cobuild, 앞의 책, 2000, p. 740.

6) Collins Cobuild, 앞의 책, 2000, p. 938.

7) Collins Cobuild, 앞의 책, 2000, p. 279.

8) Collins Cobuild, 앞의 책, 2000, p. 710.

9) Collins Cobuild, 앞의 책, 2000, p. 748.

제8장 의미와 맥락 – 화용론

우리가 문장을 문법적으로 올바르게 배열하여 발화했다고 해서 그리고 문장을 구성하는 단어와 사물(동물, 인간) 사이의 관계나 문장의 의미를 정확한 진리치에 의거하여 발화했다고 해서 그것으로 충분한 것은 아니다. 예를 들어 '옆집 순이가 얼마 전 모의 고사에서 전교 1등 했대'라고 어머니가 딸에게 말했다고 한다면 이 문장은 최소한 세 가지 다른 층위에서 생각해 보아야 한다. 즉 통사론적 층위, 의미론적 층위와 본 장에서 설명할 화용론적 층위이다.

제8장의 키워드

직시(deixis), 맥락(context), 인칭의 직시(deixis of person), 공간의 직시(deixis of space), 시간의 직시(deixis of time), 담화의 직시(deixis of discourse), 양상의 직시(deixis of manner), 사회적 직시(social deixis), 새로운 정보(new information), 낡은 정보(old information), 전제(presupposition), 단언(assertion), 수행문(performatives), 수행동사(performative verb), 진술문(constatives), 적정 조건(felicity condition), 부적절(infelicitous), 함축(implicature), 화행(speech act), 대화상의 격률(maxim of conversation), 협조의 원리(cooperative principle), 질의 격률(The maxim of quality), 양의 격률(The maxim of quantity), 관련성의 격률(The maxim of relevance), 양태의 격률(The maxim of manner)

8.1 화용론의 정의 및 연구 대상

우리가 문장을 문법적으로 올바르게 배열하여 발화했다고 해서 그리고 문장을 구성하는 단어와 사물(동물, 인간) 사이의 관계나 문장의 의미를 정확한 진리치에 의거하여 발화했다고 해서 그것으로 충분한 것은 아니다. 예를 들어 '옆집 순이가 얼마 전 모의고사에서 전교 1등 했대'라고 어머니가 딸에게 말했다고 한다면 이 문장은 최소한 세 가지 다른 층위에서 생각해 보아야 한다. 즉 통사론적 층위, 의미론적 층위와 본 장에서 설명할 화용론적 층위이다.

통사론적 층위에서는 '옆집/순이/가/얼마/전/모의고사/에서/전교/1등/하였/대'라는 단어의 올바른 배열이 문제시되는 것이고, 의미론적 층위에서 보면 '옆집 순이가 얼마 전 모의고사에서 전교 1등 한 것'은 참(true)이라는 진리치가 적용되어야 한다는 전제가 문제시된다.

그러나 화자의 의도라는 관점에서 보면 '옆집 순이가 얼마 전 모의고사에서 전교 1등 했대'라는 발화는 언어 표현과 맥락(context) 그리고 그러한 표현과 맥락에서 이루어진 참가자(화자와 청자)와의 관계를 염두에 둔 청자에 대한 특정 의도(열심히 공부하라는 의도)에서 발화된 것이라고 할 수 있다.

이와 같이 특정 발화에서 나타난 언어 표현 그 자체의 축자적 의미가 아닌 언어 표현 그 자체에서는 직접 드러나지 않는 의미(언외의 의미)와 발화의 참가자, 즉 화자, 청자와의 관계까지 고려한 의미 연구를 화용론(pragmatics)이라 한다.

화용론 연구의 주요 주제로 직시(deixis), 맥락(context), 전제

(presupposition), 함축(implicature), 화행(speech act), 대화상의 격률 (maxim of conversation) 등이 있다. 이하에서 이들 주제에 대해서 간략하게 언급한다.

8.2 직시(deixis)

직시(deixis)는 발화가 이루어지는 맥락(context, 주로 비언어적인 것으로 발화가 행해지는 실제의 장면은 물론, 어떤 언어 사용과 관련하는 문화적 배경) 속에서 시간적, 공간적 성질을 직접 언급(지시)하는 언어의 특성을 가리킨다. 즉 통상의 화행을 구성하는 기본적인 요소인 화자와 청자 그리고 양자의 발화가 행해지는 시간적, 공간적 관계와 관련한다.

직시를 나타내는 언어 형식(직시적 표현)으로 'her', 'him', 'this' 등의 인칭대명사, 'that', 'now', 'then', 'here', 'there', '이것', '그것', '저것' 등의 지시대명사 등이 있는데, 이들 언어 형식은 화자 또는 개개의 공간에 있어서 중심이 되는 점(인칭, 때, 장소)에 가까우냐 머냐(맥락)에 따라서 그 사용이 결정된다. 직시를 좀 더 자세하게 분류하면 인칭의 직시, 공간의 직시, 시간의 직시, 담화의 직시, 양상의 직시, 사회적 직시로 나눌 수 있다. 각각의 예를 제시하면 다음과 같다.[1]

(1) a. The big cats love him very much and never attack him. (인칭의 직시 표현)

b. Where did you buy that, John? (공간의 직시 표현)

c. I'll write a letter tomorrow. (시간의 직시 표현)

d. Before Gerald joined the Navy, he made peace with his family. (담화의 직시 표현)

e. I wonder why he acts that way. (양상의 직시 표현)

f. 독일어 (사회적 직시 표현)

Du bist mein Lehrer. (보통체)

Sie sind mein Lehrer. (정중체)

인칭의 직시(deixis of person) 표현은 소위 1인칭, 2인칭, 3인칭을 지시하는 언어 형식이다. 화자를 중심으로 가까우면 1인칭, 멀면 2인칭 혹은 3인칭이 사용된다.

공간의 직시(deixis of space) 표현으로 사물 지시대명사(this, that), 장소 지시대명사(here, there) 등을 들 수 있다. 화자(청자)가 위치한 공간에서 가까우냐 머냐에 따라서 특정한 지시대명사가 사용된다.

시간의 직시(deixis of time) 표현은 과거, 현재, 미래 등의 시간과 관련된 표현들이다. 'now', 'then', 'be going to', 'the coming here', 'earlier', 'before', 'the day after tomorrow', 'last week', 'yesterday', 'next month' 등이 있으며, 화자의 발화 시점을 기준으로 과거, 현재, 미래이냐에 따라 특정한 표현들이 사용된다.

담화의 직시(deixis of discourse) 표현은 담화 내부에서의 지시 표현이다. 예를 들면 (1d)의 'he'는 문장 내부의 지시물 'Gerald'를 지시한다. 반면에 (1a)의 'him'은 문장 외부의 지시물을 지시한다는 점에서 (1a)와 (1d)는 구별된다.

양상의 직시(deixis of manner) 표현은 주어의 상태나 모습(모양)을 지시하는 표현이다. 영어의 'such a book', 'like this', 'like that' 같은 표현은 주어의 상태를 지시하는 표현이다. 반면에 'so', '(in) this way', (1e)의 '(in) that way'는 주어의 모습(모양)을 지시하는 표현이다.

마지막으로 사회적 직시(social deixis) 표현은 화자, 청자, 제3자의 사회적 관계를 지시하는 표현이다. 예를 들어 (1f)에서 보듯 독일어에서 정중체는 인칭대명사와 그것과 일치하는 동사 형태로 표시된다. 한국어나 일본어에서는 정중체로 '입니다/です', '합니다/ます'와 같이 특정한 조동사나 '나/おれ, ぼく', '저/わたし, わたくし'와 같이 특정한 대명사가 선택된다.

8.3 전제(presupposition)

문장에 의해서 전달되는 정보 속에는 청자에게 있어서 새로운 정보(new information)와 낡은 정보(old information)가 들어 있다. 다음의 문장을 보도록 하자.

(2) A: 그는 대학에서 무슨 공부를 했나요?
　　B: 언어학을 공부했어요.

예문 (2)의 A발화, 즉 '그가 대학교에서 공부했다'는 것은 낡은 정보이며, B발화에서 '언어학을 공부했다'는 것은 새로운 정보이다. A발화가 가능하기 위해서는 '그가 대학교에서 공부했다'고 하는 낡은 정보가 당연히 필요한데, 이와 같이 특정한 발화를 하기 위해 당연히 갖춰져야 하는 부분을 전제(presupposition)라고 한다. 그리고 B발화와 같이 새로운 정보 부분을 단언(assertion)이라고 한다.

일반적으로 어떤 문장을 부정해도 다음의 예문 (3b)에서 보듯 전제에 해당하는 문장은 부정되지 않는다.

(3) a. 그는 대학에서 언어학을 공부하지 않았다. (2B의 부정)

b. 그가 대학에서 공부를 했다. (전제)

다음의 영어 문장을 통해서도 전제의 개념을 확인할 수 있다.

(4) a. Jack knows that Alice loves Adam.

b. Jack does not know that Alice loves Adam.

c. Does Jack know that Alice loves Adam?

d. Alice loves Adam.

(4a)의 문장은 (4d)를 전제로 한다. 즉 (4d)가 전제되지 않고 (4a)라는 발화가 성립할 수 없다. 그리고 (4a)의 문장은 (4d)를 전제로 하므로 (4b)의 부정문과 (4c)의 의문문이 성립되지 않는다.

그리고 아래의 문장들은 프랑스에 왕이 존재하지 않으면(왕이 존재한다는 전제가 없으면) 성립하지 않는다.[2]

(5) a. The King of France is not wise.

b. The present king of France is bald.

c. There is a present King of France.

d. The King of France has a big nose.

e. The King of France has a beautiful smile.

8.4 화행(speech act)

우리가 일상생활을 하면서 누군가에게 하는 발화는 단순히 발화 그 자체만을 의미하는 것이 아니다. 발화는 바로 말로 하는 행위이며, 그 행위로 인해 많은 행위가 일어난다. 이와 같이 발화를 통해서 실제로 어떤 행동을 하는 것을 화행(speech act)이라고 한다. 예를 들어 우리는 발화를 통해 다음과 같은 다양한 행동을 한다.[3]

(6) a. I bet you six pence it will rain tomorrow. (내기)

　　'내일 비가 오는 쪽에 6펜스 걸겠어.'

b. I hereby christen this ship the H.M.S. Flounder. (명명)

　　'여기에 본 함선을 영국 군함 플라운더 호라고 명명한다.'

c. I declare war on Zanzibar. (선전포고)

　　'Zanzibar에 대해 선전포고한다.'

d. I apologize. (사죄)

　　'사과드립니다'

e. I dub thee Sir Walter. (선언)

　　'그대를 월트 경에 서작하노라.'

f. I object. (반대)

　'저는 반대합니다.'

g. I sentence you to ten years of hard work. (선고)

　'중노동 10년 형에 처한다.'

h. I bequeath you my Sansovino. (상속)

　'내가 소유하고 있는 산소비노(의 조각품)를 상속한다.'

i. I give my word. (약속)

　'약속합니다.'

j. I warn you that trespassers will be prosecuted. (경고)

　'불법침입자는 고소될 것이라는 사실을 당신에게 경고한다.'

　예문 (6)은 화용론적으로 몇 가지 특성을 지닌다. 우선 첫째로, 예문(6)은 단순히 뭔가를 말하기 위하여 사용되었다기보다, 오히려 그 무언가를 적극적으로 행하기 위하여(수행하기 위하여) 사용되었다는 점에 그 특이성이 있다고 할 수 있다. 예를 들어 (6b)에서 보듯 '플라운더 호'로 명명한 뒤에는 이 세계에 '플라운더 호'라는 실질적인 변화(존재)가 발생해 버린다.

　둘째, 예문 (6)은 진리치를 지니지 않는다. 예를 들어, (6i)에서 보듯 내가 누군가에게 약속을 했다고 해서 바로 그 자리에서 그 발화가 참(true)인지 거짓(false)인지를 확인할 수 없다. 이들 문장은 반드시 일인칭 주어 현재형으로 사용되어야 한다. 이런 특성이 있는 문장을 수행문(performatives)이라고 하며(밑줄 친 동사는 수행동사〔performative verb〕) 진리치가 적용되는 문장, 즉 진술문(constatives)과는 구별된다.

셋째, 예문 (6)이 적격한 문장이 되기 위해서는 적정 조건(felicity condition)을 충족하고 있어야 한다. 예를 들어 (6b)를 발화했다고 해서 '플라운더 호'가 다른 배에 명명되거나, 말하는 사람이 명명자로서 임명되지 않거나 하면 부적절(infelicitous)하며 그 결과 적정 조건을 충족할 수 없게 된다.

8.5 대화상의 격률(maxims of conversation)

우리는 일상생활에서 누군가와 대화할 때, 아무런 원칙 없이 일방적으로 무엇인가를 발화하지 않는다. 즉 개개의 특정한 맥락에 의거하여 보다 일반적인 원칙을 가지고 대화를 하고 있다고 보는 것이 타당하다. 예를 들면 화자는 청자에게 거짓말을 하지 않거나 혹은 화자의 발화에서 직접 드러나지 않는 것, 즉 함축(implicature, 표현되지 않았음에도 플러스 알파로써 전달되는 의미)을 거쳐 진정한 발화의 의미가 청자에게 전달될 것이라는 사실이다.

이와 같이 대화에는 최소한의 원칙이 있다고 보는 것이 타당한데, 그라이스(Grice)는 이러한 대화에서 작용하는 일반적인 원리로 대화상의 격률(maxims of conversation, 언어의 효율적이고 협조적인 사용의 근저에 존재하는 일반 원칙)을 인정하고 있다. 이를 일괄해서 협조의 원리(co-operative principle)라고도 한다. 대화의 격률에는 다음과 같이 질의 격률(The maxim of quality), 양의 격률(The maxim of quantity), 관련성의 격률(The maxim of relevance), 양태의 격률(The maxim of manner)이 있다.[4]

(7) 질의 격률(The maxim of quality)

    (ⅰ) 대화에서 거짓이라고 믿는 것을 말하지 않는다.

    (ⅱ) 충분한 근거가 없는 것을 말하지 않는다.

(8) 양의 격률(The maxim of quantity)

    (ⅰ) 대화에서 필요한 양만큼 정보를 제공하려고 힘쓰라.

    (ⅱ) 필요 이상으로 많은 정보를 제공하지 말라.

(9) 관련성의 격률(The maxim of relevance)

    장면과 적절한 관련성이 있는 것만을 말하라.

(10) 양태의 격률(The maxim of manner)

    (ⅰ) 불명료한 표현이나 애매한 표현은 사용하지 마라.

    (ⅱ) 짧고 순서를 세워서 말하라.

일상생활에서 우리가 나누는 대화는 대화의 격률을 위반할 수도 위반하지 않을 수도 있다. 그러나 이러한 대화의 격률을 충분히 이해하고 그 반영 여부나 정도를 알아보면 상대가 진실로 말하고자 하는 바(의도)를 바르게 이해할 수 있는 길이 열린다는 점에서 대화의 격률은 매우 중요하다고 할 수 있다. 다음의 예문들을 보도록 하자.

(11) A: 자제분 많이 자랐죠?

    B: 네, 오늘로 태어난 지 8년 7개월 27일 되었습니다.

(12) 교수 1: 자네, 김 군 박사 논문 지도하는 거 보통 아니지?

　　　교수 2: 야, 정말 머리가 좋아, 좋아도 아주 좋아.

(13) 엄마: 엄마 친구 딸 순이 알지?

　　　딸: 응, 아는데. 왜?

　　　엄마: 올해 대학교 수석으로 졸업하고, 용모도 수려하고 예의
　　　　　도 바르고, 착하고…….

　　　딸: …….

(14) 출판사 직원: 선생님, 원고 다 되셨는지요?

　　　작가: 집사람이 몸이 안 좋아 며칠 전에 입원도 했고, 또 친척
　　　　　이 돌아가셔서…….

(15) A: 여자 친구 잘 지내?

　　　B: 이런저런 일들이 많았지. 넌 어때?

　첫째, (11B)의 발화가 부자연스런 것은 그 발화가 양의 격률을 위반하고 있기 때문이다. 즉 필요 이상으로 상대방에게 상세한 정보를 제시하고 있기 때문에 부자연스러운 발화가 되는 것이다. 그러나 그 부자연스러움의 이면에 자신의 자식에 대한 애정의 깊이를 전달고자 하는 의도는 충분히 짐작할 수 있다.

　둘째, (12)에서 교수 2의 발화는 부자연스럽지는 않다. 질의 격률을 위반했을 수도 있지만, 하지 않았을 수도 있기 때문이다. 교수 1 역

시 교수 2가 질의 격률을 위반했다고 해석할 수도 있고 그렇지 않다고 해석할 수도 있다.

셋째, (13)에서 엄마는 양의 격률을 위반하고 있다. 자신의 친구 딸 순이에 관련된 정보를 필요 이상으로 많이 전달하고 있다. 그러나 딸은 엄마의 그러한 양의 격률을 위반한 그 발화에서 함축된 의도(본 받아라)를 충분히 이해할 수 있을 것이다.

넷째, (14)의 대화에서는 출판사 직원의 질문에 대해 작가는 질문 내용과 관계 없는, 즉 관련성의 격률을 위반하고 있는 것으로 보인다. 그러나 출판사 직원은 작가의 발화에서 함축된 것을 토대로 아직 원고가 완성되지 않았음을 이해할 것이다.

마지막으로 (15)의 대화에서는 A의 질문에 대해서 B는 애매한 표현, 즉 양태의 격률을 위반하는 발화를 하고 있다. 그러나 A는 B의 발화에서 함축된 것을 토대로 B가 여자 친구에 대한 언급을 회피하고자 하는 의도를 알아차릴 것이다.

제8장 연습문제

1. 자신이 전공하고자 하는 언어, 관심이 가는 언어 그리고 한국어에서 직시적 표현(인칭, 공간, 시간, 담화, 양상, 사회)을 인터넷이나 문헌에서 찾아 정리해 봅시다.

2. 자신이 전공하고자 하는 언어, 관심이 가는 언어 그리고 한국어에서 전제나 단언에 해당하는 예를 인터넷이나 문헌에서 찾아 정리해 봅시다.

3. 자신이 전공하고자 하는 언어, 관심이 가는 언어 그리고 한국어에서 화행에 해당하는 예를 적정 조건을 고려하면서 인터넷이나 문헌에서 찾아 정리해 봅시다.

4. 자신이 전공하고자 하는 언어, 관심이 가는 언어 그리고 한국어에서 대화상의 격률, 즉 질의 격률, 양의 격률, 관련성의 격률, 양태의 격률을 위반한다고 생각되는 예를 인터넷이나 문헌에서 골라 그 이유를 기술해 봅시다.

제8장 주

1) 고이즈미 다모쓰(小泉保), 『言外の言語学』, 三省堂, 1994, pp. 48~166.

2) 예문 (5a)~(5c)는 S·C Levinson(安井稔·奥田夏子訳〔1990, pp. 209, 210, 212〕)에서 인용하였다.

3) Stephen·C. Levinson, 『英語語用論 *Pragmatics*』, 安井稔·奥田夏子訳(日本, 東京: 研究社出版, 1990), pp. 285~286.

4) (7)~(10)은 Stephen·C. Levinson(安井稔·奥田夏子訳〔1990, p. 119〕)에서 인용하였다.

제9장
언어의 변화 — 역사언어학 · 비교언어학

삼라만상이 사계의 변화에 따라 그 모습이 변해가듯 언어 또한 변화한다. 그리고 그 변화는 어느 날 갑자기 변화하는 것이 아니라 서서히 변화한다. 서서히 변화해 가는 언어도 세월이 지나면 예전의 모습과는 확연히 다른 것을 발견하게 된다. 예를 들어 훈민정음에 쓰인 한국어와 현재 우리가 사용하는 한국어는 매우 다르다. 물론 당시 쓰인 내용을 어느 정도는 이해할 수 있다고 하더라도 정확하게 이해하기 위해서는 당시의 어휘나 문법을 이해해야만 한다. 이것은 비단 한국어만의 이야기가 아니다. 언어의 변화는 모든 언어가 지니는 숙명과도 같은 것이다.

제9장의 키워드

언어사(language history), 역사언어학(historical linguistics), 음운 대응, 조어(protolanguage), 부모어(parent language), 어족(language family), 원시인구어(proto Indo-European), 인구어족(Indo-European language family), 비교언어학(comparative linguistics), 재건(reconstruction), 재구(reconstitution), 그림의 법칙(Grimm's Law), 유추(analogy), 유형론(typology), 고립어(isolating language), 교착어(agglutinating language), 굴절어(inflectional language), 포합어(incorporating language), 집합어(polysynthetic language), 어순(word order), 주어(subject), 목적어(object), 동사(verb)

9.1 만물이 변화하듯 언어도 변화한다

삼라만상이 사계의 변화에 따라 그 모습이 변해가듯 언어 또한 변화한다. 그리고 그 변화는 어느 날 갑자기 변화하는 것이 아니라 서서히 변화한다. 서서히 변화해 가는 언어도 세월이 지나면 예전의 모습과는 확연히 다른 것을 발견하게 된다. 예를 들어 훈민정음에 쓰인 한국어와 현재 우리가 사용하는 한국어는 매우 다르다. 물론 당시 쓰인 내용을 어느 정도는 이해할 수 있다고 하더라도 정확하게 이해하기 위해서는 당시의 어휘나 문법을 이해해야만 한다. 이것은 비단 한국어만의 이야기가 아니다. 언어의 변화는 모든 언어가 지니는 숙명과도 같은 것이다.

그런데 언어가 변화한다는 것은 구체적으로 무엇을 말하는 것일까? 결론적으로 말하면 그것은 음운·어휘·문법 모두가 변화한다는 것이다. 한국어의 음운 변화를 보면 중세 한국어의 모음 '·(아래아)'가 16세기부터 음가가 소멸해 'ㅡ'나 'ㅗ' 등으로 변한 것을 그 예로 들 수 있는데, '아춤〉아츰〉아침'이 그것이다. '아츰〉아침'의 변천은 전설자음(前舌子音) 'ㅊ' 때문에 후설모음(後舌母音) 'ㅡ'가 전설모음 'ㅣ'로 변한 결합적 변화다.[1] 어휘 변화를 예로 들면 '어리다', '예쁘다'는 15세기에 본래 각각 '어리석다(愚)'와 '불쌍하다(憫)'는 뜻으로 사용되었는데, 현대에는 그러한 의미가 모두 사라졌다.[2] 한편, 15세기 '나히다'는 '낳다'에서 사동 접미사 '히'가 붙어 이루어진 사동사인데, 지금은 '나히다'는 존재하지 않고 '낳게 하다'만 가능하다.[3] 이는 한국어의 문법 변화를 보여 주는 좋은 예라고 할 수 있다. 이처럼 한국어는 시간의 흐름과 함께 끊임없이 변화해 왔다.

일본어의 경우도 음운 변화를 예로 들면 ハ행의 자음은 /p/ → /f/ → /h/라는 변천을 거쳤으며, 영어의 문법 변화를 보면 고대영어에서는 시제 체계가 '과거'와 '현재'라는 단순 체계를 지녔던 것이 오늘날에는 '과거', '현재', '미래', '과거완료', '현재완료', '미래완료'라는 복잡한 체계를 지니게 되었다.[4]

9.2 역사언어학·비교언어학

이와 같이 한국어, 일본어, 영어의 역사 등 개개의 언어사(language history)를 바탕으로 언어 변화의 양상을 규명하고 그 원리를 해명하는 언어학의 분야를 역사언어학(historical linguistics)이라고 한다. 역사언어학은 위에서 언급한 특정 언어의 음운 변화, 어휘 변화, 문법 변화뿐만 아니라 언어의 계통, 어족·어파, 언어와 문화, 차용 등과 같은 개개의 언어사를 바탕으로 언어 변화의 양상과 그 원리를 해명한다.

그런데 복수의 언어 변화를 비교하고 규명해 나가다 보면 언어들 사이의 친밀감 정도가 부각 된다. 예를 들어 복수의 언어에서 특정한 의미를 지닌 단어를 음운적, 형태적 유사성의 정도에 따라 복수의 언어 사이에 친밀감을 파악할 수 있다. 만약 복수의 언어에서 단어가 음운적·형태적으로 매우 유사하다면 그 복수의 언어는 그들을 탄생시킨 공통의 언어가 어떠한 모습이었는지를 알고자 하는 학문적 호기심이 자연스레 발동할 것이다. 예를 들어 아래 언어들의 단어들을 살펴보도록 하자.[5]

	산스크리트어	그리스어	이탈리아어	스페인어	프랑스어	고토어
아버지	pitar—	patér	padre	padre	père	fadar
어머니	mâtar—	mâtar	madre	madre	mère	aipei
발	pad—	poús	piede	pie	pied	picior

'아버지', '어머니', '발'에 해당하는 산스크리트어, 그리스어, 이탈리아어, 스페인어, 프랑스어, 고토어를 보면 거의 동일한 소리이거나 매우 유사한 소리임을 알 수 있다. 각 언어의 단어를 구성하는 음소의 규칙적인 대응 관계를 음운 대응이라고 한다. 이들 언어는 거의 규칙적인 음운 대응을 이루므로 '아버지', '어머니', '발'이라는 의미를 지닌 동일한 소리(음소)에서 출발하여 오랜 시간을 거치는 동안 지금의 음성(음소)으로 변화했을 것이라는 추측을 가능하게 한다.

즉 하나의 언어에서 출발하여 산스크리트어, 그리스어, 이탈리아어, 스페인어, 프랑스어, 고토어와 같은 다양한 언어를 낳았을 것이라는 추측을 가능하게 하는 것이다. 이러한 추측에서 이들 언어의 조어(祖語, 조상의 언어, protolanguage) 혹은 부모어(parent language)라는 말이 대두된다. 조어에서 파생된 여러 언어는 마치 인간이 결혼을 하여 자손을 늘려가듯이 가족을 이루는데 이를 어족(language family)이라고 한다. 산스크리트어, 그리스어, 이탈리아어, 스페인어, 프랑스어, 고토어는 원시인구어(proto Indo-European)에서 갈라져 나온 인구어족(Indo-European language family)에 속한다. 어족은 그 외에도 중국어나 티벳어, 미얀마어, 태국어 등이 속한 차이나 티벳어족, 핀란드어나 헝가리어가 속한 핀우골어족, 동태평양에서 마다가스카르 섬에 걸친 넓은 지역의 오스트로네시아 어족 등 수많은 어족이 있다.

이와 같이 동일한 어족의 여러 언어를 비교하는 학문으로 주로 동일 계통의 언어 사이의 음운 대응을 고찰하는 언어학의 분야를 비교언어학(comparative linguistics)이라고 한다. 비교언어학은 예를 들어 산스크리트어, 그리스어, 이탈리아어 등을 비교하여 소실된 조어의 원래 모습을 복원하기도 한다. 이를 재건(reconstruction) 혹은 재구(reconstitution)라고 한다. 또한 비교언어학은 어휘를 비교하여 고대 민족의 문화상을 해명하기도 한다. 비교언어학은 19세기에 독일을 중심으로 크게 발달하였으며 언어를 객관적으로 포착하고자 하는 시점을 언어학자들에게 제공하였다.

9.3 언어는 어떻게 변화하는가

조어에서 그 자손에 해당하는 여러 언어의 모습 변화를 보여 주는 음운 대응은 규칙적인 요소가 많을 수도 적을 수도 있다. 규칙적인 요소가 많은 것을 살펴보도록 하겠다. 다음의 표를 보도록 하자.[6]

	영어	라틴어	산스크리트어
2	two	duo	dvaú
치아	tooth	dent–	dant–
10	ten	decem	dása

위의 표에서 보는 치경음 t:d:d의 대응은 어두에서뿐만 아니라 예를 들어 foot(영어), ped-(그리스어), pad(산스크리트어)와 같이 어미에서

도 관찰된다. 따라서 이러한 음운 대응은 우연의 산물이라고는 생각하기가 어렵다. 이외에도 영어, 프랑스어, 산스크리트어는 양순음, 연구개음에서도 자음이 규칙적으로 대응을 이루는 것을 볼 수 있는데, 이와 같이 일견 우연의 산물로 보이던 음운의 대응 관계가 실제로는 규칙적이라는 것이 그림의 법칙(Grimm's Law)에 의해서 밝혀졌다. 이러한 그림의 법칙으로 상당히 많은 언어의 상관관계가 확인된 것은 두말할 필요가 없다.

그런데 언어의 형식이 음운 법칙을 따르지 않고 하나의 모범을 따라서 동질적으로 변화하는 경우도 있다. 이를 유추(analogy)라고 한다. 예를 들어 고대 프랑스어 'amer(사랑하다)'라는 동사에는 인칭별로 'aim-'과 'am-'이라는 두 개의 어간이 있었다. 이들 두 어간은 라틴어의 am-이라는 어간에서 음운적인 조건에 의해 규칙적으로 변화된 형태이다. 이것이 현대 프랑스어로 변화하는 경우, 음운 법칙대로라면 'aim-'은 /ɛm/으로, 'am-'은 /am/이 되어야 하였지만 실제로는 현대 프랑스어에서는 /em/(철자는 aim-)이라는 하나의 어간만 있다. 이것은 동사의 어간을 하나로 통일하려고 하는 유추의 작용에 의한 변화이다.[7]

그리고 일본어의 경우 '見れる', '食べれる' 등의 가능동사는 원래대로라면 '見られる', '食べられる'형을 취해야 하지만, '行ける', '書ける'와 같이 5단활용 동사에서 파생된 가능동사에서 유추한 결과, 성립된 어형으로 생각할 수 있을 것이다.

또한 언어는 다른 언어와의 접촉을 통해서도 변화한다. 이에 대해서는 제11장에서 자세히 언급하겠다.

9.4 유형론(Typology)–유형 분류와 어순

동일한 어족에 속하는 언어가 규칙적으로 음운 대응을 이룬다는 것은 9.3에서 이미 확인하였다. 그러나 동일한 어족에 속하는 언어는 음운뿐만 아니라 형태(9.3 참조)나 문법적인 면에서도 유사점을 가지기도 한다. 예를 들어 인도·유럽어족(고대 그리스어, 라틴어, 산스크리트어)에 속한 언어들은 명사나 동사의 형태적 변화나 문장 구조 등에서 많은 공통점을 보이기도 한다.

반대로 동일한 어족에 속하지 않는 언어는 음운, 형태, 문법적인 면에서 당연히 차이점을 보일 것이다. 그러나 예를 들어 중국어와 영어와 같이 동일 어족에 속하지 않음에도 불구하고 '주어＋동사＋목적어'라는 기본 어순을 지닌다는 점에서 공통점을 지닌다. 영어와 중국어와 같이 동일한 어족에 속하지 않으면서도 언어적 특징의 유사성이라는 관점에서 전 세계 모든 언어를 몇 가지 유형으로 분류하고, 그 유형 간의 공통점과 차이점을 연구하는 분야를 유형론(typology)이라고 한다.

유형론에서는 대표적으로 유형 분류와 어순을 들 수 있다. 먼저 유형 분류이다. 전 세계의 모든 언어는 계통에 상관없이 형태적 관점에서 다음의 4가지 유형으로 분류된다. 그러나 유념해야 할 것은 어떤 언어라도 특정 유형에만 속하는 언어는 존재하지 않는다는 것이다.

① 고립어(孤立語, isolating language) : 단어는 실질적인 의미만을 나타내며 문법적 기능은 단어의 위치, 즉 어순에 의해서 표시되는

언어이다. 대표적으로 중국어를 들 수 있다.

예) 我打他 (나는 그를 때린다) / 他打我 (그는 나를 때린다)

② 교착어(膠着語, agglutinating language, 첨가어라고도 한다) : 실질적인 의미를 나타내는 단어에 문법적 의미를 지니는 접사가 부가되어 문법적 관계가 표시되는 언어이다. 예를 들면 한국어, 일본어, 터키어를 들 수 있다.

예) 터키어

sev-(사랑하다) → sev+mek(사랑하는 것, 사랑하기),

sev+me+mek(사랑하지 않는 것), sev+il+mek(사랑받는 것),

sev+dir+mek(사랑하게 하는 것), sev+dir+il+mek(사랑하게 하여 지는 것)[8]

③ 굴절어(屈折語, inflectional language) : 단어의 실질적인 의미를 나타내는 부분과 문법적 의미를 나타내는 부분(굴절 요소, 어미 등)이 분리할 수 없을 정도로 융합된 언어를 말한다. 인도유럽어족과 셈어족에 속하는 언어가 그 대표적인 예이다.

예) 라틴어

Puellae reginam amant(아가씨들은 여왕을 사랑한다)

Regina puellas amat(여왕은 아가씨들을 사랑한다)

puellae('아가씨들은'-복수·주격), puellas('아가씨들을'-복수·대격), regina('여왕은'-단수·주격), reginam('여왕을'-단수·대격)[9]

④ 포합어(抱合語, incorporating language, [집합어輯合語, polysynthetic language]): 문장을 구성하는 모든 요소가 밀접하게 결합하여 문장 전체가 하나의 단어인 것처럼 보이는 언어이다. 예를 들면 그린란드어(에스키모어의 하나)를 들 수 있다.

예) 그린란드어 kavfiliorniarumagaluarpunga(나는 기꺼이 커피를 만들겠습니다)는 kavfi(커피)＋lior(하다, 만들다)＋-niar(할 예정이다)＋-umagaluar-(기꺼이 하겠습니다)＋-punga(일인칭 단수 접미사)으로 분석되지만, 결합에 나타난 형식은 단독으로 사용된 것과는 다른 형식이어서 실제로 각 요소로 분석하기 어려운 양상을 띤다.[10]

그 다음으로 문장을 구성하는 단어의 순서, 즉 어순(word order)으로 언어를 분류하는 방법이 있다. 예를 들어 주어(subject)를 S, 목적어(object)를 O, 동사(Verb)를 V로 표시하면 다음과 같이 모두 여섯 가지의 어순이 존재할 가능성이 있다.[11]

① SVO(35%) 철수가 사랑한다 영희를.

예) 영어, 로맨스어(프랑스어, 이탈리아어, 스페인어, 루마니아어), 반투어(아프리카), 중국어, 에스토니아어, 과라니어(파라과이)

② SOV(45%) 철수가 영희를 사랑한다.

   예) 일본어, 한국어, 암하라어(에티오피아), 힌두어(인도), 터키어, 케
       추아어(남아메리카)

③ VSO(18%) 사랑한다 철수가 영희를.

   예) 말라요 폴리네시아계의 이스터 아일랜드어, 헤브라이어, 아
       라비아어 및 켈트어(아일랜드, 스코틀랜드, 웨일즈 및 브리타니아
       지방)

④ VOS(2%) 사랑한다 영희를 철수가.

   예) 말라요 폴리네시아계의 말라가시어(마다가스카르), 통가어

⑤ OSV(극소수) 영희를 철수가 사랑한다.

⑥ OVS(극소수) 영희를 사랑한다 철수가.

   예) 북부 브라질 힉스카랴나(Hixkaryana)어(화자 350명)

제9장 연습문제

1. 자신이 전공하고자 하는 언어, 관심이 가는 언어 그리고 한국어가 어떤 언어와 친족 관계를 지니는지를 인터넷이나 문헌에서 찾아 정리해 봅시다.

2. 자신이 전공하고자 하는 언어, 관심이 가는 언어 그리고 한국어가 역사적으로 어떻게 변화해 왔는지를 인터넷이나 문헌에서 찾아 정리해 봅시다.

3. 자신이 전공하고자 하는 언어, 관심이 가는 언어 그리고 한국어가 어떤 유형(고립어, 굴절어, 교착어, 포합어)에 속하는지 구체적으로 예를 들어가면서 설명해 봅시다. 그리고 자신이 전공하고자 하는 언어, 관심이 가는 언어 그리고 한국어에서 한 가지 이상의 유형적 특징을 가지는 현상도 인터넷이나 문헌에서 찾아 확인해 봅시다.

4. 자신이 전공하고자 하는 언어, 관심이 가는 언어 그리고 한국어의 구체적인 어순(SVO, 명사와 전치사, 소유격과 명사, 지시사와 명사, 수사와 명사, 형용사와 명사, 관계절과 명사, 고유명사와 보통명사, 비교, 본동사와 조동사, 부사와 동사, 부사와 형용사, 일반의문문에서 주어와 동사, 의문사,특수의문문에서 주어와 동사, 조건절과 주절, 목적절과 주절 등)을 정리해 봅시다.

제9장 주

1) 블로그 풍월주인(2013. 08. 01), 국어문법(음운 변화)에서 인용함.

2) DAUM 백과 대사전(2013. 08. 01) 어휘 변화 브리태니커에서 인용함.

3) 상세하게는 송창선(1993, pp. 70~123)을 참조.

4) 상세하게는 다나카 하루미(田中春美 *et al*. 1983, pp. 104~108)을 참조.

5) 다나카 하루미(田中春美) *et al*. 「第1章-言語の働きとその研究」, 『言語学のすすめ』, 大修館書店, 1983, p. 119.

6) 이들 예는 히구치 고이치(樋口康一), 「第9章-言葉の歴史と系統 -歴史·比較言語学」, 『言語学を学ぶ人のために』, 世界思想社, 1991, p. 214.

7) 마치다 겐(町田健)·모미야마 요스케(籾山洋介), 『よくわかる言語学入門』, バベル·プレス, 1995.

8) 시미즈 요시아키(清水義昭), 『概説 日本語学日本語教育』, おうふう(日本,東京), 2002, p. 12.

9) 시미즈 요시아키(清水義昭), 앞의 책, 2002, pp. 11~12.

10) 시미즈 요시아키(清水義昭), 앞의 책, 2002, pp. 12~13.

11) 아래의 백분율과 언어 예는 시바타니 마사요시 *et al*. (柴谷方良 1991b:214)에서 인용.

제10장 언어와 문자 - 문자론

사람을 생각해보자. 사람들은 외출할 때나 집에 있을 때 항상 옷을 입고 다닌다. 마찬가지로 언어도 사람들에게 서면으로 쓰일 때 특정한 형태를 취한다. 그 특정한 형태가 바로 문자이다. 일반적으로 하나의 언어는 하나의 문자로 표시되지만, 일본어와 같이 세 가지 문자(한자, 히라가나, 가타카나)로 표시되는 경우도 있다.

그런데 언어의 옷에 해당하는 문자는 인류가 탄생하자마자 생겨났을까? 아마도 그렇지 않을 것이다. 왜냐하면 사람(아기)이 태어나자마자 문자를 쓸 수는 없으며, 일정한 시기가 지나 비로소 문자를 쓰는 것이 가능하기 때문이다. 즉 이것은 언어(능력)는 생득적으로 주어지는 것이지만, 문자를 쓰는 행위는 후천적 노력에 의해서 실현되는 것을 말해 주는 것이다. 그리고 이것은 특정한 언어 집단이 오랜 시간을 거쳐 그 누군가의 발명으로 문자가 우연의 산물이 아닌 필연적인 산물로 주어졌다는 것을 말해 주는 것이기도 하다.

제10장의 키워드

그림문자(pictogram), 미스텍(Mixtec) 부족, 단어문자(logogram), 표의문자(ideogram), 설형문자(cuneiform), 상형문자(hieroglyph), 이두문자(吏讀文字), 만요가나(万葉仮名), 히라가나(平仮名), 가타카나(片仮名), 음절문자(syllabary), 동음이의어(homonym), 음소문자(phonemic writing system), 문자론(graphonomy)

10.1 언어는 사람, 문자는 옷

사람을 생각해 보자. 사람들은 외출할 때나 집에 있을 때 항상 옷을 입고 다닌다. 마찬가지로 언어도 사람들에게 서면으로 쓰일 때 특정한 형태를 취한다. 그 특정한 형태가 바로 문자이다. 일반적으로 하나의 언어는 하나의 문자로 표시되지만, 일본어와 같이 세 가지 문자(한자, 히라가나, 가타카나)로 표시되는 경우도 있다. 그런데 언어의 옷에 해당하는 문자는 인류가 탄생하자마자 생겨났을까? 아마도 그렇지 않을 것이다. 왜냐하면 사람(아기)이 태어나자마자 문자를 쓸 수는 없으며 일정한 시기가 지나 비로소 문자를 쓰는 것이 가능하기 때문이다. 즉 이것은 언어(능력)는 생득적으로 주어지는 것이지만, 문자를 쓰는 행위는 후천적 노력에의해서 실현되는 것을 말해 주는 것이다. 그리고 이것은 특정한 언어 집단이 오랜 시간을 거쳐 그 누군가의 발명으로 문자가 우연의 산물이 아닌 필연적인 산물로 주어졌다는 것을 말해 주는 것이기도 하다.

인간이 발명한 문자는 선사시대 이래 지금까지 그림문자, 단어문자·표의문자, 설형문자·상형문자, 음절문자, 자음 음소문자, 자음 모음 음소문자가 만들어졌다가 사라졌거나 지금까지 사용되고 있다. 이하 이들 문자의 특성에 대해서 살펴 보도록 하자.

10.2 그림문자

우리가 문자를 전혀 모르는 원시인이라고 가정하고 누군가에게 '내일 정오에 학교 도서관에서 만나자'라는 메시지를 남기려고 할 때 우리는 그 메시지를 어떠한 방법으로 남길지 곰곰이 생각해 보자. 아마 독자들은 다음과 같은 그림을 사용할 것이라는 데에 대부분 동의할 것이다.[1]

위의 그림은 '해'가 지고 '별과 달'이 뜨고 다시 '해'가 뜨면 도서관 앞에서 둘이 만나자라는 메시지를 담고 있다. 이것을 그림문자(pictogram)라고 한다. 다음의 그림문자를 보도록 하자.[2]

【미스텍(Mixtec) 부족의 그림문자】

위의 그림문자는 멕시코 남부 오아하카 주의 산간에서 태평양 연안에 걸쳐 AD900년에서 1522년까지 번성한 미스텍(Mixtec) 부족이 사용하던 문자이다. 이 그림문자는 거품이 이는 카카오를 바치는 왕(사슴왕)과 여왕(뱀여왕)의 혼인 의식을 묘사하고 있다.[3]

10.3 단어문자·표의문자

그런데 이 그림문자가 만약 글쓴이의 의도를 전달할 수 있다면 문자로서 역할을 충분히 완수한 셈이 되지만, 위의 그림으로는 글쓴이의 의도가 충분히 전달될 수 없고, 그 귀결로 전달력이 떨어지고, 기술의 경제성이 떨어지고, 나아가 시공의 제약을 받거나 하면 문자로서 역할을 수행하기가 힘들어진다.

그렇다면 원시인들은 그림문자의 단점을 극복하기 위해서 그림문자를 좀 더 단순화하고 추상화된 형태로 전달력을 높이기 위해 노력했어야 했을 것이다. 다음의 그림을 보도록 하자.[4]

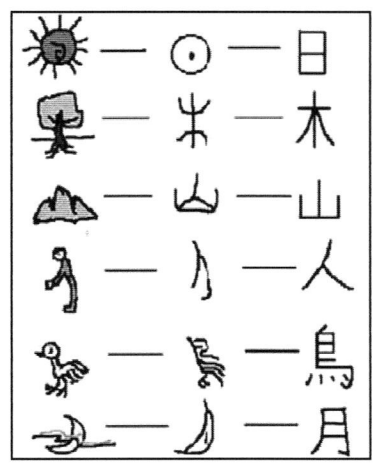

특정 지역의 사람들이 지능이 높아져서 자신들이 발명한 그림문자의 단점을 극복하기 위해 누구라도 잘 전달할 수 있도록 서체를 좀 더 단순화하고 추상화된 형태로 만든 것이 바로 단어문자(單語文字, logogram) 혹은 표의문자(表意文字, ideogram)이다. 위의 그림에서 제시된 한자는 바로 단어문자 혹은 표의문자의 전형을 말해 준다. 한자와 원래 사물과의 유사성이 많이 떨어지는 것도 있지만, 위의 그림에 제시된 한자의 기원을 알면 왜 이러한 자형을 취할 수밖에 없었는지 그 이유에 대한 설명으로 충분하다고 할 수 있다.

10.4 설형문자·상형문자

원래 사물을 나타내는 그림이 추상화되고 단순화되어 한자와 같은 표의문자로 정착되는 경우도 있지만, 다른 측면에서 보면 한자 역시 그림만큼 쓰기가 복잡하므로 전달에 있어 많은 장애를 가진다.

따라서 인종에 따라서는 한자와 같은 표의문자보다 좀 더 단순화된 음성문자가 필요할 수도 있는데 이러한 필요성으로 탄생한 것이 설형문자(楔形文字, cuneiform)와 상형문자(象形文字, hieroglyph)이다. 설형문자와 상형문자는 뒤에서 설명할 음절문자와 음소문자와 같은 음성문자와는 그 성격이 다른데, 그것은 설형문자와 상형문자가 표의문자와 음성문자의 중간적인 성격을 띠기 때문이다.

우선 설형문자부터 보도록 하자. 설형문자는 기원전 3000년 전부터 수메르어, 바빌로니아어, 아시리아어 등의 고대 오리엔트 제어(諸語)를 표기하는 데에 사용된 문자이다. 점토판에 쐐기로 글씨를 새긴 모양으로 구체적으로 예를 들면 다음과 같다.[5]

【설형문자 모양】

처음에는 점토판에 세로 방향으로 그림을 새겼는데, 글씨 방향이 세로 방향에서 왼쪽으로 구십도 기울어지면서 가로쓰기가 되었기 때문에 처음 그림문자의 성격이 퇴색되고(공간적 제약으로) 단순화되어 쐐기 모양의 소리만을 표상하는 설형문자가 된 것이다. 쿠심 점토판에 나타난 설형문자의 표기 원리를 우리말로 예를 들어 보면 '파병반대'에서 식물의 '파'와 '(유리)병' 그림(그 두 그림을 각각 '파', '병'이라 읽는다)을 그리고 그 위에 가위표(×)를 그리는 형태를 취했다.[6]

이번에는 상형문자이다. 상형문자는 고대 오리엔트 제어를 표기하던 설형문자와 비슷한 시기에 고대 이집트에서 사용된 문자이다. 이집트의 상형문자는 사물을 표상한 그림문자의 형식을 취하지만, 특정 그림으로 표상된 문자와 특정 그림과는 관계가 없고, 특정한 자음을 표상하는 음성문자의 기능만을 취한다는 점에서 그림문자와는 구별된다.

아래의 왼쪽 그림은 그림과 실제 음가를 로마자로 표기한 것이고, 오른쪽 그림은 실제 상형문자의 일종인 나시 문자를 나타낸 것이다.[7]

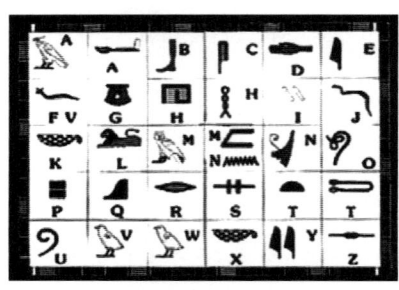

【상형문자와 음가(音價)】

【나시(納西)문자】

위의 나시문자는 원시적이지만 중국 운남성(雲南省)에서 현재도 사용되고 있으며, 표의문자와 표음문자로 사용된다.

10.5 음절문자

세월이 지나 한반도에 살던 삼국시대 사람들이 화장실(WC)을 표기하여야 하는데 적절한 한자로는 표기할 길이 없어 누군가가 한자의 음만을 따서 '多不有時(다불유시)'로 표기하였다고 하자. 이들 한자가 '화장실'을 의미하는 'WC'로서의 의미는 충분히 전달할 수 있으므로 문자로서의 기능(표음문자〔表音文字〕의 기능)은 충분히 완수한다고 생각된다. 이와 같이 한자의 소리만을 따서 한국어를 표기하던 문자가 한국(삼국시대)에는 설총의 이두문자(吏讀文字), 일본에서는 만요가나(万葉仮名)였다.

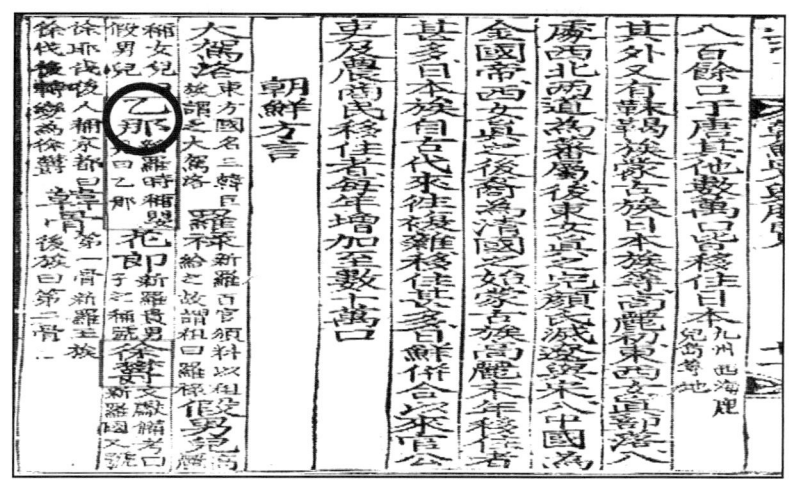

【이두문자】

　　윗 그림[8] 상단의 동그라미 안의 '乙那'는 '알라' 혹은 '얼나'를 표기
한 것으로 '갓난아기'를 의미한다. 아래의 만요가나는 예를 들어 'あ'가
발명되기 이전에 소리 'あ'를 표기하기 위한 한자가 다수 존재했다는
것을 나타낸다.[9]

발음	あ	い	う	え	お
	a	i	u	e	o
万葉集(고대 일본 歌集)에 나온 표기	安,阿, 足,網	伊,射,以, 己,移,異,去	宇,烏,有,于, 得,菟,鵜,卯, 雲,兎,羽	得,衣,榎,愛, 役,依	於,意,憶,應

【만요가나】

　　그러나 사람에 따라서는 '多不有時'를 '茶佛油市', '踱弗由示'와 같
이 다양하게 표기할 수도 있기 때문에 한자의 음만을 따서 자국어를

표기하기에는 아무래도 그 의미 파악에 한계가 있을 수밖에 없었을 것이며 그 결과, 표기를 통일할 수밖에 없었을 것이다. 따라서 문자를 한층 추상화, 단순화할 필요성이 대두되었고 일본어의 히라가나(平仮名)와 가타카나(片仮名)와 같은 문자가 탄생하게 되었다. 히라가나를 예로 들면 'か'는 한자의 加, 'く'는 久에서 비롯된 것이다. 이렇게 되면 '多不有時'를 '茶佛油市', '跢弗由示'로 사람마다 제각기 다른 한자로 음가를 표시하는 데에서 초래되는 혼란을 피할 수 있는 것이다. 다음은 히라가나와 가타카나 문자이다. 가타카나는 주로 외래어를 표기하는 데에 사용되며, 히라가나는 외래어 이외의 단어를 표기하는 데에 사용된다. 음가는 동일하다.

〈히라가나〉

わらやまはなたさかあ
り　みひにちしきい
るゆむふぬつすくう
れ　めへねてせけえ
をろよもほのとそこお

〈가타카나〉

ワラヤマハナタサカア
リ　ミヒニチシキイ
ルユムフヌツスクウ
レ　メヘネテセケエ
ヲロヨモホノトソコオ

히라가나와 가타카나는 단어문자 혹은 표의문자인 한자의 일부를 빌려 만든 문자이므로 자음과 모음을 따로 표기한다는 것은 원초적으로 불가능한 일이었다. 즉 일본어 문자는 자음과 모음이 결합한 하나의 글자로 표기되는 숙명을 처음부터 껴안을 수밖에 없었다. 예를 들면 'か'라는 히라가나 문자의 음가는 /ka/이다. 일본인들은 'か'가 자음

/k/와 모음 /a/의 결합이라고 생각하지 않는다. 이와 같이 하나의 문자가 자음과 모음을 모두 포함하고 있는 문자를 음절문자(syllabary)라고 한다.

그런데 일본인들이 표기하는 히라가나 문자와 가타카나 문자는 자음과 모음을 내포하므로 음절 구조가 복잡한 언어를 표기하기에는 매우 어렵다. 실제로 일본어의 음절수는 111개로 영어의 수천, 중국어의 411개와 처음부터 비교가 되지 않는다. 따라서 일본어에는 동음이의어(同音異義語, homonym, 철자와 발음이 같고 의미가 다른 단어)가 많으며, 외래어 표기와 실제 외래어와 큰 차이를 보인다. 예를 들면 'running'을 '란닝구', 'cunning'을 '칸닝구', 'good morning'을 '굿도 모닝구'로 표기하거나 발음한다.

10.6 음소문자–자음 음소문자 · 자음 모음 음소문자

일본어와는 달리 많은 음절이 있는 언어의 경우, 그 화자들은 복잡하고 다양한 음절을 표기하기 위해 음절문자와는 다른 형태의 문자를 필연적으로 발명해야 했을 것이다. 즉 음절을 구성하는 자음과 모음을 각각 따로 표시하는 문자, 즉 음소문자(phonemic writing system)를 발명해야 했을 것이다.

음소문자에도 두 가지 종류가 있는데 하나는 자음 음소문자이고, 다른 하나는 자음과 모음 모두 문자로 표시하는 문자이다. 전자의 자음 음소문자는 자음만을 표시하고 모음은 표시하지 않는 것이다. 대표적으로 셈어 계통인 아랍어와 히브리어 등을 들 수 있다. 예를 들면

'키득키득'을 'ㅋㄷㅋㄷ', '후덜덜'을 'ㅎㄷㄷ'로 표시하는 것과 같은 이치이다. 후자의 문자(자음과 모음 모두 문자로 표시하는 문자)는 알파벳, 한글 등의 문자로 문자 발달에 있어 최종단계에 해당하는 문자라고 할수 있다.

10.7 문자론

지금까지 설명한 문자는 그 설명 순서에 근거하여 일반적으로 다음과 같은 여섯 단계로 나누어진다.

① 제1단계   그림문자 – 미스텍 문자
② 제2단계   단어문자·표의문자 – 한자
③ 제3단계   설형문자·상형문자 – 설형문자(수메르어, 바빌로니아어, 아시리아어), 상형문자(고대 이집트어)
④ 제4단계   음절문자 – 일본어의 히라가나, 가타카나
⑤ 제5단계   자음 음소문자 – 아랍어, 히브리어
⑥ 제6단계   자음 모음 음소문자 – 알파벳, 한글

위에서 제시한 문자의 발달 단계는 인류를 한 개인으로 간주하여 각각의 문자가 가지는 특성과 성장을 연관 지어 생각하면 충분히 이해가 되리라 생각한다. 그런데 여기에서 유념해야 하는 것은 3단계에 있는 문자가 결코 6단계에 있는 문자보다 열등하다고 생각해서는 안 된다는 것이다. 각 단계에 해당하는 문자는 특정 국가나 사회 구성원들

의 고유한 문화양식으로 우리들은 그것을 충분히 존중해야 한다. 만약 우리가 제2단계에 있는 한자를 열등한 문자로 간주한다면 제2단계에 있는 한자를 사용하는 민족(중화민족)은 우리 한글이나 구미의 알파벳을 단조롭고 경박한 암호 정도로 가볍게 치부해 버릴 수도 있다. 중화민족은 한자에 대한 자부심이 매우 강하다는 것을 알아야 한다.

문자가 제1단계~6단계에 걸쳐 있지만, 각 단계의 문자는 고유의 성립 배경, 자체의 특징, 자체의 구조, 자형, 기원, 문자와 소리와의 상관관계 등을 지니고 있는데, 이를 연구하는 언어학 분야를 문자론(graphonomy)이라고 한다.

제10장 연습문제

1. 20개 국어(동북아시아, 동남아시아, 서남아시아, 유럽, 미주) 정도의 문자를 살펴보고 그 공통점과 차이점을 그림문자, 단어문자·표의문자, 설형문자·상형문자, 음절문자, 자음 음소문자, 자음 모음 음소문자에 근거하여 정리해 봅시다. 예를 들어 특정 언어의 문자는 그림문자에 가깝다든가, 다른 특정 언어의 문자는 자음 모음 음소문자에 가깝다는 식으로 논의를 전개해 봅시다.

1) 이 그림은 수업시간에 학생이 그린 것이다.

2) 이 그림은 블로그 'LatinAmerica.jp(2013. 04. 25)'에서 인용한 것이다.

3) 이 설명은 블로그 'LatinAmerica.jp(2013. 04. 25)'에서 인용한 것이다.

4) 이 그림은 블로그 'lang-8 Re:漢字の起源について考えている(2013. 08. 01)'에서 인용한 것이다.

5) http://europe.ce.cn/hqbl/zt/gxy/wmjj/200611/28/t20061128_9612380.shtml(2013. 04. 25)에서 인용하였다.

6) 쿠심 점토판의 표기 원리에 대한 설명은 강범모(2010, p. 231)에서 인용한 것이다.

7) 첫 번째 그림은 http://web.ydjh.chc.edu.tw/society/history/historyimage/9.htm (2013. 04. 25)에서 인용하였다. 둘째 그림은 Weblio 辞書(2013. 04. 25)에서 인용한 것이다.

8) 이 그림은 블로그 '전혀 다른 향가 및 만엽가'(2013. 04. 25)에서 인용한 것이다.

9) 아래의 예는 블로그 '試作 万葉仮名一覧'(2013. 04. 25)에서 인용한 것이다.

제11장 언어와 사회―사회언어학

현실 사회 속에서 사람들이 사용하는 말을 있는 그대로 해명하려고
하면 이론적인 언어학의 틀(통사론, 의미론)만으로는 제대로 처리할
수 없는 경우가 많다. 왜냐하면, 각인각색이란 말이 있듯이 나이나
출신지(지역), 세대, 성, 직업, 계급 등과 같이 제각기 다른 요소를
지닌 사람들이 언어를 사용하기 때문이다. 이것은 제1장에서 언급
한 바와 같이 소쉬르가 제안한 파롤(parole)에 해당하는 것으로 추
상적이고 보편적인 언어 능력을 의미하는 랑그(langue)와는 당연히
대치된다.

기존의 이론적인 언어학의 틀만으로는 해명할 수 없는 말의 체계나
구조를 해명하기 위한 언어학의 분야로 사회언어학(sociolinguistics)
이라는 분야가 있다.

제11장의 키워드

파롤(parole), 랑그(langue), 사회언어학(sociolinguistics), 언어
변종(variety), 지역 방언(regional dialect), 방언학(dialectology),
사회 방언(social dialect), 사회방언학(Socio dialectology), 표준어
(standard language), 일반 영어(General American), 도쿄 방언
(Tokyo dialect), 불가촉민(untouchable), 표준(standard), 변이
(varient), 집단어(jargon), 은어(jargon), 전문어(technical term),
이중언어생활(diglossia), 체계의 변환(cord switching), 절대경어
(absolute honorifics), 상대경어(relative honorifics), 언어접촉
(language contact), 링구아프랑카(lingua franca), 사비르(sabir),
피신(pidgin), 크레올(creole), 언어연합(linguistic union), 언어기층
(substratum), 언어상층(superstratum), 언어방층(adstratum), 갈
릭어(Gallic), 단순차용, 번역차용, 톡 피신(Tok pisin)

11.1 사회언어학의 정의와 연구 대상

현실 사회 속에서 사람들이 사용하는 말을 있는 그대로 해명하려고 하면 이론적인 언어학의 틀(통사론, 의미론)만으로는 제대로 처리할 수 없는 경우가 많다. 왜냐하면, 각인각색이란 말이 있듯이 나이나 출신지(지역), 세대, 성, 직업, 계급 등과 같이 제각기 다른 요소를 지닌 사람들이 언어를 사용하기 때문이다. 이것은 제1장에서 언급한 바와 같이 소쉬르가 제안한 파롤(parole)에 해당하는 것으로 추상적이고 보편적인 언어 능력을 의미하는 랑그(langue)와는 당연히 대치된다.

기존의 이론적인 언어학의 틀만으로는 해명할 수 없는 말의 체계나 구조를 해명하기 위한 언어학의 분야로 사회언어학(sociolinguistics)이라는 분야가 있다. 사회언어학은 우선, 사회적 속성(연령차, 성별차, 교육 정도, 직업, 사회계층의 차이)과 같은 다양한 속성에서 드러나는 사회집단과 말과의 상관관계를 연구한다.

둘째, 사회언어학은 장면과 말의 상관관계를 연구한다. 예를 들어 대화 참가자(화자, 청자 등), 장면(회의, 졸업식, 입학식), 화제(일상 생활 속의 화제, 업무적인 화제), 매체(말하기, 쓰기) 등의 장면과 특정 장면에서 나타나는 말의 상관관계를 연구한다.

셋째, 사회언어학은 복수의 언어나 방언이 접촉하면서 발생하는 다양한 언어 현상을 연구하기도 한다. 예를 들면 하나의 사회에서 실제로 일본어와 한국어와 같은 복수의 언어 혹은 언어 변종이 접촉하는 경우에 그 복수의 언어나 언어 변종은 어떠한 방식으로 상호관계를 형성하는지, 혹은 어떻게 구별되며 사용되는지를 연구한다.

11.2 지역 방언과 사회 방언

이 절에서는 사회언어학의 연구 대상에 대해서 설명하기 전에 언어가 언어변종(variety)의 집합체라는 점을 우선 설명하고자 한다. 여기에서 말하는 언어변종이란 지역 방언, 사회 방언을 말한다.

우리는 말을 통해서 자신이 태어나 자라온 지역이 다른 지역과 다르다는 것을 알 수 있다. 예를 들어 서울에서 태어나 서울에서 줄곧 살아온 사람이 처음으로 부산이나 대구에 가서 현지인들과 원만한 대화를 나누기란 그리 쉽지 않을 것이다. 예를 들어 '잠자리'를 포항 사람들이 '철갱이'라고 말하는 것(포항 출신의 젊은이들은 그렇지 않다고 하겠지만)에 대해 서울 사람이 그 '철갱이'의 의미를 안다는 것은 거의 불가능하다고 할 수 있다. 이러한 차이는 지역이 다른 데에서 비롯된 차이로 이를 지역 방언(regional dialect)이라고 한다. 지역 방언은 동일한 지역에 사는 사람들에 의해서 공유되는 언어변종을 가리킨다. 지역별로 다른 방언은 일상적으로 개개의 단어('철갱이'와 '잠자리')를 일컫지만, 엄밀히 말하면 각 지역의 언어체계(음운, 문법, 어휘) 전체를 가리킨다. 지역 방언의 언어 체계를 연구하는 분야를 방언학(dialectology)이라고 하기도 한다.

우리는 지역뿐만 아니라 사회적 계급의 차이, 종교의 차이, 성의 차이, 연령의 차이, 직업의 차이, 신분의 차이 등과 같이 사회적 속성의 차이에 의해서도 자신(자신이 속한 집단)이 다른 사람(다른 집단)과 다르다는 것을 알 수 있다. 이들 속성의 차이에 의해서 각기 다르게 나타나는 언어변종을 사회 방언(social dialect)이라고 한다. 사회 방언을 연구하는 분야를 사회언어학(혹은 사회방언학)이라고 한다.

11.3 지역 방언과 표준어

이 절에서는 사회언어학의 연구 대상으로 지역 방언과 표준어에 대해 살펴보기로 한다.

만약 함경도 사람과 경상도 사람이 다음과 같은 대화를 했다고 하자. "무시기가 뭐꼬?" "뭐꼬가 무시기?" 이러한 대화가 계속 되풀이된 다고 해도 두 사람이 진정으로 의사소통할 수 있기란 쉽지 않을 것이다. 이때 함경도 사람과 경상도 사람의 대화를 연결해 줄 수 있는 제 3의 언어가 있는데 그것은 바로 표준어(standard language)이다. 대한민국의 표준어는 서울말인데, 서울말 역시 지역 방언(서울·경기 방언, 충청 방언, 호남 방언, 영남 방언, 제주 방언, 강원 방원) 중의 하나이기는 하다. 그러나 서울 방언이 대한민국에서 표준어로 인정을 받을 수 있는 것은 서울 방언이 정치, 경제, 문화의 중심지인 서울에서 사용되는 언어이기 때문이다. 표준어는 앞서 말한 바와 같이 지역 방언 화자들 간의 의사소통을 원활하게 하기 위해 필요하며, 법령, 공문서, 교과서, 신문, 라디오나 텔레비전 뉴스, 공식 장소에 사용되는 등 세련되고 규범적인 언어로 인정한다.

영국에서도 14세기 무렵 북부(Nothern), 중서부(West Midland), 동중부(East Midland), 남부(Southern), 켄트(Kentish) 등의 방언이 있었는데, 정치·경제의 중심지였던 런던에서 사용된 말, 즉 런던 방언이 표준어가 되었다.

미국에서는 대한민국이나 영국과 같이 국가에서 표준어를 지정하지는 않고 있다. 그러나 중서부의 방언인 'General American(일반 영어)'이 방송에서 많이 사용되므로 이 일반 영어가 표준어로서 역할을 한다고 생각하면 된다. 미국의 방언은 북동부에 있는 보스턴을 중심으로 하는 동부 방언, 중부 일대에서 서부로 퍼지는 중서부 방언, 버지니아에서 텍사스에 걸친 남동부의 남부 방언 이렇게 해서 세 가지로 크게 나뉜다.[1]

일본도 사정은 마찬가지이다. 일본의 방언은 크게 동부, 서부, 규슈(九州)로 나뉘며 동부는 '홋카이도(北海道)', '도호쿠(東北)', '간토(関東)', '도카이도산(東海東山)', '하치조지마(八丈島)'로 세분되며, 서부는 다시 '호쿠리쿠(北陸)', '긴키(近畿)', '추고쿠(中国)', '운파쿠(雲伯)', '시코쿠(四国)'로 세분된다. 그리고 규슈는 다시 '호니치(豊日)', '히고(肥後)', '사쓰구(薩隅)'로 세분된다.[2] 일본에서도 역시 정치, 경제, 문화의 중심지였던 도쿄(東京, 関東에 속함)에서 사용되는 말, 즉 도쿄 방언(Tokyo dialect)이 표준어가 되었다.

11.4 말과 사회적 속성

말은 사회적 속성의 차이, 즉 성별, 연령, 계층, 집단(직업, 전문 분야)의 차이에 의해서 제각기 다르게 나타난다.

① 성별의 차이

말을 사용하는 주체가 남자이냐 혹은 여자이냐에 따라서 말(언어)의 사용 양상이 다르게 나타난다. 예를 들어 일본어나 영어의 조사에서 밝혀진 것이 있는데 일반적으로 여성이 남성보다 표준어나 정중한

말을 사용하고자 하는 욕구가 강하다고 한다. 일본어와 한국어를 예로 들면 다음과 같다.[3]

(1) a. きたない(여성) ↔ きたねえ(남성)

　　 b. ごはん(여성) ↔ めし(남성)

　　 c. おおきい(여성) ↔ でかい(남성)

　　 d. 미화어(お)의 다용(여성): お米/お台所/お写真

(2) 일본어에서 여성 발화의 음운적인 특징

　　 a. 강조를 위해 촉음과 장음 사용: とっても, すごーく

　　 b. 풍부한 억양 사용: きれいじゃない(네 가지 패턴의 억양이 있음)

(3) 일본어에서 여성 발화의 어휘적 특징

　　 a. 여성 전용 종조사의 사용:

　　　　 わ, かしら, のよ ↔ 남성 전용 종조사 ぞ, ぜ

　　 b. 여성 특유의 감탄사 사용:

　　　　 あら, まあ ↔ 남성 전용 감탄사 おお

　　 c. 형용사나 부사의 반복에 의한 강조 표현의 다용:

　　　　 わたし, とってもとっても心配です / わたし, 悲しくて悲しくて

(4) a. 여자에게만 사용하는 말: 미인, 홍일점, 아리땁다, 화장, 얌
　　전하다, 알뜰하다

　　b. 남자에게만 사용하는 말: 미남, 점잖다, 나그네, 건장하다.

(5) 한국어에서 여성 발화의 음운적인 특징

　　a. 과도한 경음의 사용: 짜다, 쪼금

　　b. ㄹ첨가: '요걸로 주세요'에서 '요걸로'

　　c. 약어의 다용: 근데, 그치, 어쩜

　　d. 귀여운 어감의 지시사 사용: 고기, 요것, 조것

　　e. 여성 특유의 감탄사: 어머나, 피이, 흥, 어쩜

(6) 한국어에서 여성 발화의 통사적 특징

　　a. 망설이거나 주저하는 말투

　　b. 공손한 표현의 사용

　　c. 맞장구 표현의 다용

② 연령의 차이

　　말을 사용하는 주체가 유아냐 젊은이냐, 중년이냐, 노인이냐에 따
라서 말(언어)의 사용 양상이 다르게 나타난다. 예들 들어 연세가 드신
분들은 '커피숍'을 '다방'이라고 부른다. 유아는 '밥'을 '맘마'라고 부를
것이며, 청년은 상대에 따라 다르겠지만 '화난다'를 '짱난다'고 말할 것
이다. 이하 한국과 일본 젊은이들의 어휘적 특징을 살펴보기로 하자.[4]

(7) 일본 청년들의 어휘적 특징

    a. 새롭게 단축한 형태를 만들어 사용함:

        パンキョウ(一般教養科目), ポケベル(ポケットベル), ドタキ

        ャン(土壇場でキャンセルする)

    b. 음 순서의 뒤바뀜:

        くりそつ(そっくり), ぱつきん(金髪), おろそ(おそろい)

    c. 강조의 의미를 나타내는 접두사 '超, 激, 鬼'의 다용:

        超かっこいい, 超ムカつく, 激辛, 激安

(8) 한국 청년들(10대들)의 어휘적 특징

    a. 접두어 '대박'을 사용함:

        대박 재밌어, 대박 쉬워, 대박 쩔어

    b. 신조어의 사용:

        고고싱, 삥 뜯기다, 고삐리, 초딩, 안습, OTL, 즐, 열공, 간

        지나다, 헐

③ 계층의 차이

  말을 사용하는 주체가 사회적인 계층(신분)의 차이에 따라서 말(언어)의 사용 양상이 다르게 나타난다. 예를 들어 1950년대의 영국 영어 〔(9)〕에서 전자의 표현(단어/구)은 상류계급에 속하는 사람들이, 후자의 표현은 비상류계급(하류계급)에 속하는 사람들이 주로 사용하는 것으로 알려져 있다.[5]

(9) have a bath/take a bath, looking glass/mirror,
    jam/preserve, lavatory-paper/toilet paper,
    vegetables/greens

　그리고 인도 북부의 가라불 마을 주민의 대부분이 힌두교도로 세
가지 계급이 나누어져 있는데, 최상층에는 승려, 무사, 상인이 있고,
두 번째로는 중류 카스트가 있으며, 최하위층에는 불가촉민(접촉이 금
지된 사람, untouchable)이라는 계층이다. 불가촉민으로는 토지를 못 가
진 사람, 잡역부, 가죽 가공업자 등이 있다. 각 계층 간에는 두 가지 방
언이 존재하는데, 최상층과 중간층을 가촉민, 불가촉민으로 나누면 전
자의 가촉민은 표준(standard), 후자의 불가촉민은 변이(variant)가 되
는 셈이다. 예를 들어 다음의 예에서 보듯 표준에는 2중 모음 체계가
존재하는 반면에 변이에는 그러한 체계가 없다(밑줄 참조).[6]

(10) 〈표준〉　　〈변이〉

　　/jhuil/　　/jhul/　　동물용 모피

　　/khoir/　　/khor/　　동물용 브러시

④ 집단의 차이

　말을 사용하는 주체가 집단의 차이에 따라서 말(언어)의 사용 양상
이 다르게 나타난다. 특정 직업이나 전문 분야에 종사하는 사람들 사
이에서 사용되는 특유의 말이 있는데 그것을 집단어라고 한다. 그리
고 집단어 중에서 특정 집단 내에서만 통용되며 비밀유지를 위한 목적

으로 사용되는 말을 은어(jargon)라고 한다. 다음은 일본어와 한국어의
은어이다.[7]

(11) 일본의 은어

　　a. 경찰 관계자 사이에서 사용되는 은어:

　　　ホシ(犯人), デカ(刑事), ガイシャ(被害者)

　　b. 백화점 종업원 사이에서 사용되는 은어:

　　　遠方に、奥に

(12) 한국의 은어

　　a. 거지의 은어:

　　　왕초(거지 대장), 양아치(거지 동지), 내초(새로 온 거지)

　　b. 범죄인 사회의 은어:

　　　먹쟁이(거지), 양아치(거지), 죽쟁이(판사), 필쟁이(기자)

　　c. 시장에서의 은어 :

　　　나까마(동업자), 자가용(돈 많은 손님), 바람 분다(단속반이 나
　　　왔다)

　　d. 버스 운수업자의 은어:

　　　뺑땅(수입금 유용), 스페어 돈(잔돈), 한탕(1회 운행)

　　e. 살롱가에서의 은어:

　　　화상 뻬게이(치킨 프라이), 궁디 스텍(비프 스테이크), 장작(야
　　　채 샐러드), 짬빰통(샌드위치), 보따리(오므라이스)

　　f. 혈액원(血液院)에서의 은어:

작때기(A형의 피), 귀때기(B형), 망통(O형), 잡종(AB형), 물

건(피를 뽑으러 오는 사람)

  g. 10대들의 은어:

솔까말, 지못미, 넘사벽, 듣보잡, 버카충, 금사빠, 답정너,

장미단추

그리고 학자, 예술가, 법률가 등의 같은 분야의 전문가들끼리 사용
하는 말을 전문어(technical term)라고 한다. 전문어는 전달하는 데 있
어 엄밀함을 기하기 위해, 능률을 올리기 위해 새롭게 만들거나 의미
를 한정해서 사용한다. 예를 들어 '형태소', '접미어', '파롤', '랑그', 같
은 용어는 언어학자들이 쓰는 전문어라고 할 수 있다.

이와 같이 사회언어학은 말과 사회적 속성에 대한 이해를 심화시
킨다.

11.5 언어변종의 공존과 구별

한 국가, 하나의 사회 안에서 완전히 다른 언어변종이 공존하는 것
을 이중언어생활(diglossia)이라고 한다. 여기에서 '완전히 다른'이란 말
이 뜻하는 바는 음운, 문법, 어휘 체계가 완전히 다르다는 것을 말한
다. 예를 들면 아라비아어를 모국어로 사용하는 사람들은 고전어와 속
어라는 두 가지 언어를 일상에서 사용한다. 고전어는 주로 연설, 설교,
뉴스 방송 등 격식이 요구되는 상황에서 사용하는 말로 신문 사설, 전
통적인 시 낭송에서 사용되며, 후자의 속어는 일상 회화, 대중 문학,

만화 등에서 사용된다.

이 두 언어의 변종은 음운, 문법, 어휘에서 상당한 차이를 보이는데 문법적인 면에서 예를 들면 아라비아어의 고전어에는 명사의 격이 세 개인 것에 반해서, 속어에는 격의 구별이 없다.[8] 또한 실무를 위해서 영어를 사용하고, 종교생활이나 문학적인 활동을 위해서 그리스어나 프랑스어를 사용하는 것도 이중언어생활이라고 할 수 있다.

이중언어생활을 하는 사람 중에는 발화 도중에 무의식적으로 언어를 바꾸는 사람이 있다. 예를 들어 한국어를 말하다가 갑자기 영어를 말하는 것이다. 이를 체계의 변환(cord switching)이라고 한다. 다음의 예는 영어에서 필리핀의 타갈로그어로 체계 변환을 예시한 것이다.[9]

(13) a. When the weather turns sunny, labas din sila gaya ng paruparo.

'날씨가 좋아지면 그들은 나비처럼 밖으로 나온다.'

b. It was reported na si. ay nag-panic.

'S씨가 공황상태에 있다는 사실이 알려졌다.'

일본어나 한국어에서도 이중언어생활은 아니지만, 복수의 언어변종을 구별해서 사용하는 경우가 있다. 즉 몇 가지 조건에 따라 경어를 사용하거나 혹은 사용하지 않거나 하면서 특정 언어를 사용한다. 말하자면 한국어나 일본어에는 경어를 포함하는 언어변종과 포함하지 않는 언어변종이 있다. 이하 경어 사용의 조건에 대해 살펴보도록 하자.

(14) 일본어 경어 사용의 조건[10]

    a. 친한 사람들끼리는 경어를 사용하지 않는다. 그러나 첫 대면을 하는 사람이거나 친하지 않은 사람에게는 경어를 사용한다. 즉 경어 사용 조건에 친소 관계가 작동한다.

    b. 손윗사람(연령이나 지위가 높은 사람)에게는 경어를 사용하고 그렇지 않은 사람에게는 경어를 사용하지 않는다. 즉 상하 관계라는 조건이 성립되면 경어가 사용된다.

    c. 자기 쪽 사람(가족, 회사 동료)을 외부인에게 말할 때, 자기 쪽 사람이 말하는 사람에게 있어 손윗사람이라도 경어를 사용하지 않는다.

    d. 장면에 따라 경어를 사용하기도 하고 하지 않기도 한다. 예를 들어 동일한 상대에게 편안한 장면에서는 경어를 사용하지 않다가도 회의와 같이 격식을 차려야 하는 장면에서는 경어를 사용한다.

한국어의 경어 사용 조건도 일본어와 거의 유사하다. 그러나 차이점은 일본인은 상대가 계속해서 경어를 사용하면 상대방이 자신과 친해지고 싶지 않다는 신호로 받아들이지만 한국인은 상대방이 경어를 사용하면 대우받고 있다는 신호로 받아들이는 경향이 있다. 그리고 한국인은 자기 쪽 사람을 외부인에게 말할 때 손윗사람이면 경어를 사용해도 무방하지만 일본인은 그렇지 않다. 전자와 같이 자기 쪽 사람이 손윗사람이면 경어 사용이 허용되는 한국어의 경어 특성을 '절대경어(absolute honorifics)'라고 하며, 후자의 일본어에서처럼 손윗사람이면 경어 사용이 허용되다가도, 상황에 따라서 경어 사용이 허용되지 않는 일본어의 경어 특성을 '상대경어(relative honorifics)'라고 한다.

이와 같이 사회언어학은 언어변종의 공존과 구별에 대한 이해를 심화시킨다.

11.6 언어의 접촉

복수의 언어가 접촉할 때(언어접촉〔language contact〕), 언어연합 (linguistic union), 어휘의 차용, 링구아프랑카(lingua franca), 피신 (pidgin), 크레올(creole)이 일어난다. 첫째, 언어연합은 복수의 언어가 접촉하여 언어변화가 생기는 경우인데, 구체적으로 말하면 언어기층 (substratum), 언어상층(superstratum), 언어방층(adstratum) 현상이 일 어난다.

언어기층(substratum)은 가리아 지역(프랑스와 벨기에)에서 사용되던 갈릭어(Gallic) 위에 정복자의 언어인 라틴어가 눌러앉아 오늘날의 프 랑스어가 생겨난 것처럼 원래 지역에 있던 언어가 새로 들어온 언어에 의해 거의 소멸해 버리는 언어 현상을 말한다. 그러나 소멸했다고 해 서 기층에 있던 갈릭어가 완전히 소멸하지는 않고 어떤 형태로 라틴어 에 영향을 미친다. 아래의 예에서 보듯 /ū/ → /y/의 변화는 갈릭어의 영향을 받은 데에서 비롯된 것이다.[11]

(15) 라틴어   프랑스어(갈릭어)

　　 lūna   '달'   lune/lyn/

　　 mūrus   '벽'   mur/myr/

　　언어상층(superstratum)은 정복자의 언어가 피정복자의 언어 아래에 놓이고, 결국 정복자의 언어가 소멸해 버리고 마는 언어 현상이다. 6세기에서 8세기 사이 군사적 우위를 지녔던 프랑크족(게르만계)이 프랑스에 쳐들어왔는데, 프랑크족은 당시 문화적으로 우위를 차지하고 있던 프랑스어를 취하고 자신들의 언어(게르만어)를 버리고 말았다. 그러나 프랑크족이 사용하던 언어는 '전쟁(guerre)', '부자의(riche)', '푸르다(bleu)'와 같은 어휘를 프랑스어에 제공하기도 하였다(프랑스어로 정착되었을 때는 원래의 어휘가 음운 변화의 과정을 거쳤다).[12]

　　언어방층(adstratum)은 두 개의 언어가 공시적으로 혹은 역학 관계에서 서로 밀리지 않고 동등하게 공존하는 언어 현상을 가리킨다. 즉 특정한 언어가 다른 언어에 흡수되거나 하지 않고 서로 영향을 주고받으면서 공존하는 경우를 말하는데 프랑스어와 독일어, 한국어와 일본어를 들 수 있다.

　　둘째, 두 개의 언어가 접촉하면 어휘의 차용 현상이 일어난다. 어휘의 차용에는 단순차용과 번역차용이 있다. 단순차용은 A라는 언어의 어휘를 그대로 차용하는 경우이고, 번역차용은 자국의 언어로 번역하여 차용하는 것이다. 단순차용은 예를 들면 영어의 'camera', 'spoon', 'television'을 '카메라', '스푼', '텔레비전'으로 그대로 차용한 경우이다. 일본어의 'キムチ', 'ビビンパ'는 한국어의 '김치', '비빔밥'을 단순차용한 예이다. 번역차용은 예를 들면 'baseball'을 '야구', 'postcard'를 '엽서'로 번역한 경우이다. 일본어의 경우 단순차용을 할 때, 원래 외국어의 어형을 단축하는 경우가 많다. 예를 들면 'インフレ'는 'inflation', 'パソコン'은 'personal computer'를 줄여서 만든 말이다.[13]

마지막으로 언어가 접촉하면 링구아프랑카, 사비르, 피신, 톡 피신, 크레올 현상이 일어난다. 앞서 언급했듯이 함경도 사람과 경상도 사람의 원활한 소통을 위해 서울 방언이라는 표준어가 필요하듯이, 전혀 다른 언어를 사용하는 사람들이 원활한 소통을 위해 한 가지 언어를 사용하게 될 때, 그것을 링구아프랑카(lingua franca)라고 한다. 현대의 인류사회에서 영어가 그 사용 인구나 사용 범위에서 탁월한 지위를 발휘할 수 있는 것은 바로 영어가 링구아프랑카로서 탄탄히 자리 잡고 있기 때문이다.

그런데 이번에는 언어와 언어가 접촉하면서 어느 한쪽의 언어가 매우 단순하고 간략한 형태로 변화되어 링구아프랑카로서 역할을 하는 경우가 있다. 먼저 어느 개인이 불규칙적으로 특정한 장면에서 사용하는 혼성어가 있는데, 그것을 사비르(sabir)라고 한다.

그 다음으로 언어를 달리하는 사람들, 즉 영어를 말하는 사람과 파푸아뉴기니 사람들이 무역이나 통상을 위해 거래를 하고자 할 경우, 특히 이렇다 할 링구아프랑카가 존재하지 않을 때, 어휘 수가 매우 적고 문법이 매우 간략화된 영어가 링구아프랑카 역할을 한다. 이와 같이 링구아프랑카의 역할을 하기 위해 원래의 언어가 매우 간략화 된 언어를 피신(pidgin)이라고 한다. 피신이라는 명칭은 원래 중국의 광둥

어와 영어가 섞여서 만들어진 상업어를 'business English(=pidgin)'
라고 부른 데에서 유래했다.[14] 대표적인 피신으로는 파푸아뉴기니에
서 사용되던 영어를 기반으로 한 톡 피신(Tok pisin)이 유명하다. 톡 피
신은 어휘의 약 80%를 영어에서, 약 10%는 태평양 제도의 언어에서,
나머지 10%는 독일어, 포르투갈어, 스페인어 등에서 차용하였다. 어
휘 수가 적으므로 개개의 단어가 지니는 의미 범위가 넓다. 예를 들면
'hand'는 '손', '팔', '의복의 소매', '나뭇가지'라는 의미를 지닌다. 문법
적인 면에서는 동사는 시제에 따라 어형이 변화하지 않으며 동일한 어
형으로 현재, 과거, 미래를 나타낸다. 의문문이 되어도 어순이 변화되
지 않고 단순히 문장 끝의 억양을 올리는 것으로 의문문임을 나타낸
다.[15] 하와이에 이주한 일본인 1세대들이 구사한 영어도 피신의 전형
적인 예가 될 수 있는데, 그 까닭은 다음의 예문에서 보듯 어순, 전치
사 사용이 매우 단순하기 때문이다.[16]

(16) a. Japanese no more school go.

　　　'일본인은 결코 학교에 가지 않는다.'

　　b. I go school time, this I work one year.

　　　'내가 학교에 다닐 때, 여기서 나는 일 년간 일했다.'

　　세월이 흘러 피신을 사용하는 사람이 늘어나고, 나이가 들어 자손
을 남기면 피신을 배우고 자란 자손들은 그 피신이 다른 언어보다 모
국어로서 기능하게 될 가능성이 높아지게 된다. 이와 같이 피신이 모
국어로서의 기반을 확립하게 될 때, 이를 크레올(creole)이라고 한다.

그런데 흥미로운 것은 피신에서는 그 언어 체계가 매우 단순하지만, 크레올에서는 하나의 언어라고 해도 좋을 만큼 그 체계가 매우 탄탄하다는 것이다. 대표적인 예로 자메이카의 아이티 크레올(Haitain Creole)과 미국 조지아 지역의 아프리카 노예들의 후손들이 사용하는 '굴라어(Gullah)'를 들 수 있다.[17] 하와이 영어에서 다음과 같은 피신의 예는 문법 체계가 단순하다.

    (17) "Baby name me no like(원래 이름은 싫어요)."

이에 반해 다음의 크레올 예는 문법 체계가 복잡하고 완전한 것을 볼 수 있다.[18]

    (18) "When my grandmother die, my grandfather go back
         china. He did! He went(할머니가 돌아가셨을 때, 할아버지는 중
         국으로 가고 싶어 하셨어요. 그래서 그렇게 했죠, 갔었어요!)!"

이와 같이 사회언어학은 언어연합, 어휘의 차용, 링구아프랑카, 사비르, 피신, 크레올의 특수성과 보편성에 대한 이해를 심화시킨다.

제11장 연습문제

1. 자신이 전공하고자 하는 언어, 관심이 가는 언어 그리고 한국어에서 어떻게 방언을 구획하고 있는지 인터넷이나 문헌을 이용하여 정리해 봅시다.

2. 자신이 전공하고자 하는 언어, 관심이 가는 언어 그리고 한국어에서 몇 가지 예를 토대로 지역 방언(표준어와 방언)과 사회 방언(성별, 연령, 계층, 집단〔직업, 전문 분야〕의 차이) 어떻게 존재하는지를 인터넷이나 문헌을 이용하여 구체적으로 예를 들어가며 정리해 봅시다.

3. 현재 유럽사람들이나 한국에 거주하는 외국인(혹은 한국으로 귀화한 사람)이 어떠한 방식으로 이중언어생활을 하고 있는지 인터넷이나 문헌, 혹은 지인의 이야기를 전해 듣는 형태로 구체적으로 예를 들어가며 정리해 봅시다.

4. 유럽어나 영어에는 경어가 존재하지 않는다고 알려졌지만, 알려진 것과는 달리 많은 언어(예를 들어 러시아어, 중국어, 영어, 루마니아어 등)에서 경어가 존재한다고 합니다. 자신이 전공하고자 하는 언어, 관심이 가는 언어에서 어떠한 방식으로 경어가 존재하는지를 인터넷이나 문헌, 혹은 해당 언어의 원어민들의 진술을 토대로 구체적으로 예를 들어가며 정리해 봅시다.

5. 국제결혼을 한 가정에서 언어기층, 언어상층, 언어방층 현상이 일어나는지 해당 가정의 구성원들의 진술을 토대로 구체적으로

예를 들어가며 정리해 봅시다.

6. 자신이 전공하고자 하는 언어, 관심이 가는 언어 그리고 한국어를 사용하는 국가에서 실제로 발생한(하고 있는) 피신, 크레올 현상을 인터넷이나 문헌을 통해서 조사하여 정리해 봅시다.

제11장 주

1) 다나카 하루미(田中春美), 「第1章-言語の働きとその研究」, 『言語学のすすめ』, 大修館書店, 1983, p. 156.

2) 다나카 하루미(田中春美) *et al.*, 앞의 책, 1983, p. 154.

3) 일본어 예는 마치다 겐(町田健)·모미야마 요스케(籾山洋介, 1995, pp. 130~131)에서 인용하였다. 한국어 예 (4)~(6)은 강범모(2010, p. 318)에서 인용하였다.

4) 일본어 예는 마치다 겐(町田健)·모미야마 요스케(籾山洋介, 1995, p. 132)에서 인용하였다. 한국어 예는 필자의 지식을 바탕으로 작성한 것이며, 상세하게는 이정복·양명희·박호관(2006)을 참조할 것.

5) 영어 예는 마치다 겐(町田健)·모미야마 요스케(籾山洋介, 1995, p. 134)에서 인용하였다.

6) 설명과 예 (10)은 모리구치 쓰네카즈(森口恒一, 1991, pp. 131~132)에서 인용하였다.

7) 일본어 예는 마치다 겐(町田健)·모미야마 요스케(籾山洋介, 1995, p. 135)에서 인용하였다. 한국어의 예는 네이버 지식백과(2013. 04. 26)에서 인용하였다.

8) 마치다 겐(町田健)·모미야마 요스케(籾山洋介), 『よくわかる言語学入門』, バベル·プレス(日本, 東京), 1995, p. 136.

9) 예문 (12)는 모리구치 쓰네카즈(森口恒一, 1991, p. 144)에서 인용하였다.

10) 마치다 겐(町田健) · 모미야마 요스케(籾山洋介,1995, 137)를 참조하여 재작성하였다.

11) (14)의 예는 다나카 하루미(田中春美 *et al*, 1983, p. 164)에서 인용하였다.

12) 프랑크족이 사용하던 언어의 예는 다나카 하루미(田中春美 *et al*, 1983, p. 165)에서 인용하였다.

13) 마치다 겐(町田健) · 모미야마 요스케(籾山洋介), 앞의 책, 1995, pp. 138~139.

14) 모리구치 쓰네카즈(森口恒一), 「第6章-言葉と社会」, 『言語学を学ぶ人のために』, 世界思想社(日本, 東京), 1991, p. 143.

15) 모리구치 쓰네카즈(森口恒一), 1991, p. 143.

16) 모리구치 쓰네카즈(森口恒一), 1991, p. 141.

17) 아이티 크레올과 굴라어는 강범모(2010, p. 328)에서 인용하였다.

18) 이 피신과 크레올 예는 다나카 하루미(田中春美 *et al*, 1983, p. 162)에서 인용하였다.

제12장
언어와 뇌(정신)–언어상실·언어습득

사람의 언어 능력은 당연히 뇌에서 비롯된다. 그것은 뇌 질환을 앓는 환자가 언어 구사에 어려움을 겪는 것에서 충분히 알 수 있다. 즉 뇌 상태에 따라서 언어습득과 언어상실이 일어난다. 언어 능력은 인지 능력과 더불어 인간의 정신활동에 매우 중심적인 역할을 하는데, 언어 능력이 인간 뇌의 어떠한 메커니즘에 의해 발휘되는지를 연구하는 언어학 분야를 신경언어학(neurolinguistics)이라고 한다. 이에 비해 심리언어학(psycholinguistics)은 언어의 획득(language acquisition)과 사용–이해(comprehension)와 산출(production)–전반에 대한 해명을 중심 과제로 한다는 점에서 신경언어학은 심리언어학의 하위 분야로 생각할 수 있다. 그러나 본 장에서는 주로 인간의 언어상실을 통해서 뇌 기능의 메커니즘을 규명하는 데에도 주안점을 두는 신경언어학과 주로 언어의 이해와 산출의 해명을 통해 언어습득을 연구하는 심리언어학으로 대별하여 각각에 관련된 기본 내용을 설명해 나가고자 한다.

제12장의 키워드

신경언어학(neurolinguistics), 심리언어학(psycholinguistics), 언어획득(language acquisition), 이해(comprehension), 산출(production), 좌반구(left hemisphere), 우반구(right hemisphere), 주요 반구(dominant hemisphere), 어휘(lexicon), 브로카 영역(Broca's area), 베르니케 영역(Wernicke's area), 하위 전두엽의 후방 부위(posterior part of the inferior frontal lobe, Brodmann's Area 44), 상위 측두엽 후방 부위(posterior part of the superior temporal lobe, Brodmann's Area 39, 40), 브로카 실어증(Broca's Aphasia), 문법상 실증(agrammatic aphasia), 전보식(telegraphic), 문법 규칙이 결여된 문장(agrammatism), 근육운동 신경부위(motor area, Brodman's area nos.4, 6), 편마비(hemiplegia), 기능범주(functional category), 베르니케 실어증(Wernicke's Aphasia), 말더듬증(stammering), 난독증(dyslexia), 어의 실어증, CT(brain computerized tomography), MRI(magnetic resonance imaging), fMRI(functional MRI), 심리언어학(psycholinguistics), 보편문법(Universal Grammar), 언어획득 장치(language acquisition device), 개별문법(particular grammar), 합리론(rationalism)적 관점, 경험론(empiricism)적 관점, 임계기(critical period), 언어학습(language learning), 제2언어(second language), 단어 우선 효과(word superiority effect), 친숙성 효과(familiarity effect), 단어 형성 이중 메커니즘 가설

12.1 언어상실과 언어습득

인간의 언어 능력은 당연히 뇌에서 비롯된다. 그것은 뇌 질환을 앓는 환자가 언어 구사에 어려움을 겪는 것에서 충분히 알 수 있다. 즉 뇌의 상태에 따라서 언어습득과 언어상실이 일어난다. 언어 능력은 인지 능력과 더불어 인간의 정신활동에 매우 중심적인 역할을 하는데, 언어 능력이 인간 뇌의 어떠한 메커니즘에 의해 발휘되는지를 연구하는 언어학 분야를 신경언어학(neurolinguistics)이라고 한다. 이에 비해 심리언어학(psycholinguistics)은 언어획득(language acquisition)과 사용-이해 (comprehension)와 산출(production)-전반에 대한 해명을 중심과제로 한다는 점에서 신경언어학은 심리언어학의 하위 분야로 생각할 수 있다.

그러나 본 장에서는 주로 인간의 언어상실을 통해서 뇌 기능의 메커니즘을 규명하는 데에도 주안점을 두는 신경언어학과 주로 언어의 이해와 산출의 해명을 통해 언어습득을 연구하는 심리언어학으로 대별하여 각각에 관련된 기본 내용을 설명해 나가고자 한다.[1]

12.2 언어 관련 뇌 부위

심리언어학과 신경언어학에 관련된 내용을 언급하기 전에 우선 인간의 언어 활동 기반이 되는 뇌에 대해서 간략하게 소개하도록 하겠다.

인간의 뇌는 왼쪽 부위와 오른쪽 부위로 크게 나누어진다. 뇌의 왼쪽 부위를 좌반구(left hemisphere)라 하며, 오른쪽 부위를 우반구(right hemisphere)라고 한다. 좌반구는 인간의 언어 기능과 인지 기능(예를 들어 시간)을 담당하는 반면에, 우반구는 공간적인 개념(거리, 크기, 모양), 음악적 인지(감성)와 산출을 담당하는 것으로 알려져 있다. 그러나 왼손잡이 중에는 우반구가 언어 기능을 담당하는 주요 반구(dominant hemisphere)인 경우도 있는 것으로 알려져 있다. 언어 능력을 담당하는 좌반구에는 나아가 어휘(lexicon)와 통사(문법)와 관계가 있는 것으로 알려진 브로카 영역(Broca's area)과 베르니케 영역(Wernicke's area)으로 나뉜다. 아래 그림은 언어 능력을 담당하는 좌반구의 주요 부위를 나타내고 있다.

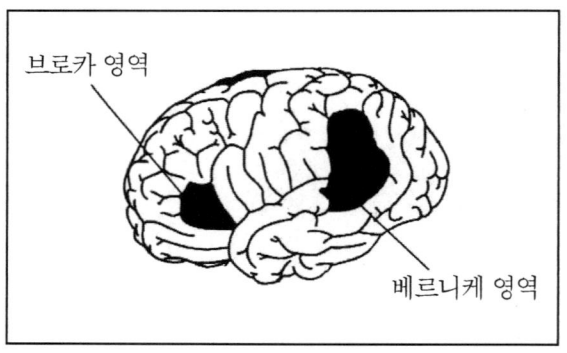

그림1에서 보듯 브로카 영역은 좌반구에서 특히 하위 전두엽의 후방 부위(posterior part of the inferior frontal lobe, Brodmann's Area 44)에 위치하고 있으며, 베르니케 영역은 상위 측두엽 후방 부위(posterior part of the superior temporal lobe, Brodmann's Area 39, 40)에 위치한다. 이들 부위는 언어의 구성, 산출 그리고 이해 기능을 담당하는 주요 뇌중추신경 부위로 알려져 있다. 이들 영역에서 언

어를 관장한다는 것을 말해 주는 증거를 들자면 이들 영역이 어떤 형태로 손상을 입으면 전보식 문장을 구사하거나 말의 의미를 이해하지 못한다는 사실을 들 수 있다. 이에 대해서는 후술한다.

12.3 언어상실–신경언어학

신경언어학에서는 예를 들어 복수의 실어증 환자의 특정 언어 표현 구사 상태를 관찰하고 상태의 정도를 통해 특정 뇌 부위와 언어 능력과의 상관관계를 규명한다. 잘 알려진 바로는 언어 능력을 관장하는 뇌 부위가 손상을 입으면 다음의 그림에서 보듯 손상된 뇌 부위의 차이에 의해서 브로카 실어증(Broca's Aphasia), 베르니케 실어증(Wernicke's Aphasia), 어의 실어증 등의 언어 장애가 발생한다.

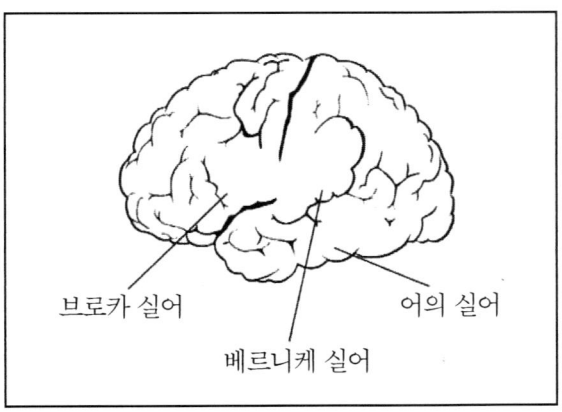

이절에서는 브로카 실어증, 베르니케 실어증, 어의 실어증에 대해서만 설명하기로 한다.

12.3.1 브로카 실어증(Broca's Aphasia)

브로카 실어증(Broca´s Aphasia)이란 브로카 영역의 손상으로 발생하는 언어 장애를 말한다. 문법 능력과 문법 사용에 장애를 보이기 때문에 문법상실증(agrammatic aphasia)이라고도 하는데 구체적인 증세는 다음과 같다.

(1) a. 말을 유창하게 할 수 없다.

b. 전보식(telegraphic) 문장을 사용한다.

c. 문법 규칙이 결여된 문장(agrammatism)을 사용한다.

d. 청각적인 언어이해 능력은 비교적 양호한 편이다.

e. 글씨를 쓰는 능력이 손상된 경우가 많다.

f. 브로카 영역의 위치가 근육운동 신경 부위(motor area, Brodman´s area nos.4, 6)와 인접해 있어서 브로카 영역의 손상은 근육운동 신경 부위의 손상을 동반한다.

g. 의도적으로 조음기관을 움직이는 것은 어렵지만, 무의식적으로는 자연스럽게 움직일 수 있다.

(1a)는 브로카 영역에 인접한 근육운동 신경 부위의 손상으로 조음기관의 작동에 장애를 받아 생기는 증세이다. 따라서 브로카 실어증 환자는 일반적으로 편마비(hemiplegia)를 동반한다. 말을 유창하게 할 수 없으므로, 예를 들어 전보식 문장을 사용하는 것이며[(1b)], 당연히 글씨를 잘 쓰지 못한다[(1e)]. 말을 하는 것, 글씨를 쓰는 것 하나하나

가 모두 운동이기 때문이다.

그러나 브로카 실어증 환자는 (1d)에서 보듯 청각적인 언어이해 능력은 양호하다. 예를 들어 "제 말을 알아들었으면 눈을 두 번 깜박거리세요"라고 브로카 실어증 환자에게 말하면 그 환자는 눈을 두 번 깜박거릴 수 있다. 이건 필자의 개인적인 체험에서 확인한 것이며 실제로 대부분의 환자가 그렇다고 한다. (1g)는 예를 들어 브로카 실어증 환자 자신이 의도하는 발화는 하기가 어렵지만, 욕설이나 원망하는 말을 무의식적으로 완벽하게 내뱉는 것을 보면 충분히 그 타당성을 인정할 수 있다. 이것도 필자가 개인적으로 체험한 적이 있다. (1c)는 예를 들어 '내가 생각한 걸 상대에게 잘 못 전하겠어'를 '나 생각했다. 상대 안전한다' 식으로 조사나 조동사와 같은 기능범주(functional category)의 사용이 불가능한 데에서 비롯된 것인데, 조사나 조동사까지 구사할 운동성이 부족해서 발생하였을 가능성도 있다.

한편 브로카 실어증 환자는 문장 이해에 대해서도 장애를 보인다. 예를 들어 브로카 실어증 환자는 능동문의 의미 이해에 대해서는 90% 이상의 높은 정답률을 보이지만, 수동문의 의미 이해에 대해서는 50% 이하의 정답률을 보인다는 보고가 있다.

12.3.2 베르니케 실어증(Wernicke's Aphasia)

베르니케 실어증(Wernicke's Aphasia)이란 베르니케 부위의 손상으로 발생하는 언어 장애를 말한다. 베르니케 실어증 환자의 증세는 대략 다음과 같다.

(2) a. 억양과 발음은 유창한 편이다.

b. 조음 장애는 거의 일어나지 않는다.

c. 문법 규칙을 잘 지키지만, 의미불명의 문장을 산출하기 때문에 듣는 사람은 말의 의미를 제대로 이해하기 어렵다.

d. 대부분의 베르니케 실어증 환자는 제스처 등의 의사소통은 가능하지만, 말로 하는 의사소통은 불가능하다.

e. 기계적으로 글씨를 쓰는 경우가 많다.

f. 편마비를 동반하는 경우는 거의 없다.

(2)에서도 알 수 있듯이 베르니케 실어증의 최대 특징은 기본적으로 문법 장애는 일어나지 않지만, 해당하는 문장을 이해하기 어렵다는 점이다. 즉 브로카 실어증 환자는 기본적으로 남들이 발화한 문장을 이해할 수는 있지만 말을 할 수는 없다(말을 하기가 어렵다)는 점, 베르니케 실어증 환자는 타인 또는 자신이 발화한 문장의 의미는 혼동하거나 잘 이해를 못 하지만, 비교적으로 문법적인 문장은 만들 수 있다는 점에서 서로 구별된다. 그리고 (2a), (2b), (2d), (2e), (2f)는 베르니케 실어증 환자가 브로카 실어증 환자와는 달리 근육운동 신경 부위의 손상을 입지 않았기 때문이라는 사실을 뒷받침해 준다. 그 외의 실어증으로 말더듬증(조음기관 장애, stammering), 난독증(dyslexia, 글을 읽지 못하는 증세), 어의 실어증(단어의 의미를 잘못 이해하는 증세) 등을 들 수 있다.

12.3.3 신경언어학 연구 사례

신경언어학은 언어를 관장하는 뇌 부위의 해명을 위해 기계를 사용하여 시각적으로 직접 관찰하는 연구 방법이다. 뇌의 직접적인 관찰을 위한 기계로는 CT(brain computerized tomography, 방사선을 이용한 뇌 전산화 단층 촬영 기계), MRI(magnetic resonance imaging, 핵자기공명영상법을 이용한 뇌 촬영 기계)를 들 수 있다. 전자의 CT는 컴퓨터를 이용하여 사람의 머리를 자르지 않고 단면을 구하는 진단적 가치가 매우 높은 도구로 알려져 있다. 후자의 MRI는 어떤 원자핵을 정자장 중에 놓고 일정한 주파수의 전자파 에너지를 부여하여 공명현상을 일으켰을 때 방출된 에너지를 신호로 포착하여 뇌 단층 영상을 구성하는 방법으로 뇌를 관찰하는 것이다. 그리고 fMRI(functional MRI)는 언어를 처리할 때 뇌의 활성화 부위가 어디인지를 혈류량을 통해 집중적으로 관찰할 수 있는 기계이다.

실제로 연구가 이루어졌는지는 알 수 없지만, fMRI를 이용해서 '읽히다'와 '읽게 하다'라는 사역 동사와 이들 사역 동사를 술어로 한 어휘적 사역문과 생산적 사역문의 처리(산출과 이해)에 있어 뇌 특정 부위의 혈류량 증가(감소)의 차이가 발생한다는 것을 확인할 수 있다면 이는 단어를 만들어 내는 뇌 기반이 서로 다르다는 것을 시각적으로 입증할 수 있는 절호의 기회가 된다. (후술한다.)

12.4 언어습득—심리언어학

심리언어학(psycholinguistics)은 언어를 통해 심리를 연구하는 학문이다. 언어 이외의 재료를 가지고도 심리를 연구할 수 있지만, 심리언어학은 오로지 언어를 재료로 인간 심리를 탐구한다. 구체적으로 말하면 심리언어학은 인간이 언어를 습득하고, 이해하고, 산출하거나 할때 인간의 심리가 어떻게 작용하는가를 연구하는 학문이다. 이를 풀어서 제시하면 다음과 같다.

① 인간은 언어 지식을 어떠한 방법으로 습득하는가?
② 인간은 언어 지식을 어떠한 방법으로 이해하는가?
③ 인간은 언어 지식을 어떠한 방법으로 산출하는가?

12.4.1 언어습득

먼저 언어습득에 관련된 것으로 보편문법, 개별문법, 언어획득, 임계기, 언어학습, 언어획득장치 등을 들 수 있다.

인간은 국적과 인종을 불문하고 인간(유아)은 어떠한 언어라도 습득을 할 수 있다. 한국인은 한국어만 습득할 수 있다든가 미국인은 영어만 습득할 수 있다는 것은 말이 되지 않는다. 이것은 인간이라면 어떠한 언어라도 습득할 수 있는 능력을 갖추고 있으며, 특정 언어를 초월한 언어 일반에 관한 지식, 즉 보편문법(Universal Grammar)을 지니고 있다는 말이다. 그 보편문법은 인간이 선천적으로 가진 언어획득장치(languvee acquisition device)가 내재되어 있기 때문에 가능한 것으로 생각할 수 있다. 그리고 유아는 특정 국가에 태어나면서 어떤 언어를 접하느냐에 따라 그 유아의 개별언어가 결정된다. 개별언어에는 당연히 개별문법(particular grammar, 개별언어에 내재된 문법)이 들어 있다.

언어습득에는 두 가지 기본적인 관점이 있는데 하나는 합리론(rationalism)적 관점(행동주의적 관점)이며, 다른 하나는 경험론(empiricism)적 관점이다. 합리론적 관점은 인간이 생득적으로 기본적인 보편문법을 지니고 있기 때문에 유아를 둘러싼 사람들이 말하는 것을 바탕으로 유아가 개별문법을 완성해 나간다는 관점이다. 이에 반해서 경험론적 관점은 유아가 주위 사람들의 말을 듣고 그것을 분석 정리하여 특정 언어의 구조나 특징을 발견하고, 경험에 의해서 특정 언어의 문법을 만들어 낸다는 관점이다.

이들 관점은 제각기 일리가 있는데, 합리론적인 관점만으로 말하자면 인간은 매우 단기간에 언어를 습득한다. 5~6세 정도의 나이로 개별문법의 절반을 완성하고, 14~15세 나이로 개별문법을 완전히 습득하고 만다. 그리고 유아는 균일적으로 언어를 습득한다. 유아마다 제각기 질적으로 양적으로 다른 문법을 습득하는 것이 아니라 서로 엇비슷한 수준의 문법을 습득하는 것이다. 유아의 지능이나 생활환경이 각각 다름에도 말이다.

한 가지 덧붙이자면 언어를 습득할 때 유아가 접하는 자료는 양적으로나 질적으로나 매우 빈약하다는 사실이다. 5~6세 정도의 나이로 개별문법의 절반을 완성하려면 실로 많은 사람과 대화를 시도하고, 실제로 대화를 나누고, 그것에서 얻어진 데이터를 분석하고, 정리하고

기억해야 할 것이지만, 실제로는 양적으로 극히 빈약한 자료(엄마나 아빠와의 한정된 대화)를 통해서 습득한다는 것이다. 그리고 유아가 사용하는 발화 속에는 불완전한 문장이나 비문법적인 문장 등과 같은 질적으로 낮은 문장이 다수 들어 있음에도 말이다.

언어획득에는 임계기(critical period)라는 것이 있다. 동물이 뭔가를 학습할 수 있는 일정한 시기를 임계기라고 하는데, 인간의 언어습득에도 임계기가 있으며(10대 전반까지), 임계기를 지나면 언어를 습득할 수 없거나 습득이 매우 어렵다는 것이다. 이는 늑대의 보호 아래서 자란 어린아이가 구출되어 몇 년이 지나도 인간의 언어를 숙달할 수 없었다는 사실에서도 입증된다.

한편 언어획득(language acquisition)에 대해 언어학습(language learning)이라는 것이 있다. 전자가 생득적이라면 후자의 언어학습은 후천적이다. 언어학습은 유아가 아닌 일개인이 성장하고 나서 제2언어(second language)나 외국어를 의식적으로 습득하는 것을 말한다.

12.4.2 언어이해

인간은 자신이나 타인의 발화를 듣고 말할 때 그 음성을 청취하고, 그것을 소리의 연속체로 인식한 다음, 발화(문장)를 구성하는 단어의 의미를 인식한다. 반대로 복수의 단어 뜻을 서로 연결하여 발화를 이해하고, 나아가 문맥을 고려하여 발화의 의미를 이해한다. 이 절에서는 단어 이해에 국한해서 설명하기로 한다.

뇌 속에 들어 있는 단어 이해에 있어 심리언어학은 여러 가지 형태

로 연구 성과를 내고 있다. 주요 성과를 제시하면 다음과 같다.[2]

① 단어 우선 효과(word supeority effect) : 이 효과는 어떤 단어를 아무렇게나 제시하는 것보다 단어를 띄어쓰기 등의 방법으로 재구성해서 제시하는 경우 지각 작용이 상승하는 효과를 말한다. a가 지각하기 훨씬 쉽다.

예) a. FOG HAT NEW
    b. FONHGTAEW

② 친숙성 효과(familiarity effect) : 많이 접한 단어가 그렇지 못한 단어보다 인식이 훨씬 쉬워지는 효과를 말한다. a가 훨씬 빨리 인식된다.

예) a. 사랑, 눈물, 배, 지우개
    b. 어휘결정과제, 텅스텐, 망간, 삼투압

12.4.3 언어산출

언어심리학 연구는 뇌를 직접 관찰하지 않는다고 하지만, 필자가 아는 바로는 신경언어학과 심리언어학의 접점에서 행해지는 언어산출 연구가 있다. 이하에서는 언어의 산출 과정에 대한 극히 단편적인 연구를 소개하고자 한다.

단어 형성 이중 메커니즘 가설(언어를 관장하는 뇌 부위에 연산처리와 연상기억을 담당하는 뇌 안의 기반이 동일하지 않다는 가설)을 입증하기 위한 예를 들어 보면 '읽히다(어휘적 사역 동사)'와 '읽게 하다(생산적 사역 동사)'의 사용에 있어서 정상인의 발화에서는 이들 사역 동사의 사용이 장애를 받지 않는 반면에, 실어증 환자는 그 사용(산출)에 있어 장애를 받는다는 연구가 있다(실제로는 일본어로 시행된 연구임). 이러한 실험 결과는 연산처리에 의한 단어 '읽게 하다'와 연상기억에 의한 단어 '읽다'가 뇌 내 기반이 각각 다른 부위에서 만들어진다는 사실을 입증해 주는 강력한 증거가 될 수 있을 것이다. 그리고 산출뿐만 아니라 이해 실험에서도 실어증 환자는 어휘적 사역 동사를 술어로 하는 어휘적 사역문(선생님이 학생에게 책을 읽혔다)보다 생산적 사역 동사를 술어로 하는 생산적 사역문(선생님이 학생에게 책을 읽게 하였다)의 의미 이해에 낮은 정답률을 보인다는 보고가 있다(실제로는 일본어로 시행된 연구임).

제12장 연습문제

1. 뇌 그림을 상세하게 그려가면서 자신이 전공하고자 하는 언어, 관심이 가는 언어 그리고 한국어 단어를 뇌 부위별로 기입해 봅시다.

2. 자신이 전공하고자 하는 언어, 관심이 가는 언어 그리고 한국어에서 브로카 실어증, 베르니케 실어증, 말더듬증, 난독증, 어의 실어증 등에 관련된 예를 인터넷이나 문헌에서 찾아 정리해 봅시다.

3. 한국어를 포함한 몇몇 언어에서 공통으로 발견되는 문법 현상을 인터넷이나 문헌을 통해 찾아 정리해 봅시다(예를 들어, 수동문, 사역문, 재귀문 등).

4. 언어습득은 합리론적으로 이루어지는지, 아니면 경험론적으로 이루어지는지 자신의 생각을 바탕으로 정리해 봅시다.

제12장 주

1) 12.1~12.3과 12.4.3은 천호재(2005, pp. 541~560)와 천호재(2012, pp. 261~289)를 참고로 해서 작성한 것이다. 약간의 수정을 가했지만, 전체적인 내용은 별 차이가 없다.

2) 강범모, 『언어-풀어 쓴 언어학개론』, 한국문화사, 2010, pp. 286~287.

제13장 언어와 문화

문화(culture)의 정의는 실로 다양하지만, 언어와의 관계를 고려하여 문화를 정의하면 문화란 인간이 경험을 해석하고 사회적 행위를 영위하기 위해 습득한 지식이라고 할 수 있다. 예를 들면 연장자 앞에서 술을 마실 경우 몸을 돌려서 마신다고 하는 행동을 단순한 허리 운동이 아니라 사회생활에서의 예의범절로 이해하는 것, 이것이 경험의 해석이며, 그와 같은 해석을 하는 지식이 바로 문화이다.

언어를 통해서 문화를 이해하고자 할 경우, 자국의 문화와의 공통점과 차이점으로 인해 언어의 개별성과 보편성, 언어상대성론 등과 같은 개념들이 대두된다. 이 장에서는 이들 개념을 살펴보기로 한다.

제13장의 키워드

문화(culture), 개별성(particularism), 보편성(universalism), 고토다마(言霊) 사상, 한국문화, 영미문화, 일본문화, 수사법, 웅변술, 언어상대성론(linguistic relativism), 언어결정론(linguistic determinism), 호피어, 유럽어(SAE), 색채어휘, 나바호어, 자연어휘, 에스키모(Inuit), 의미자질(semantic feature)

13.1 언어와 문화

문화(culture)의 정의는 실로 다양하지만, 언어와의 관계를 고려하여 문화를 정의하면 문화란 인간이 경험을 해석하고 사회적 행위를 영위하기 위해 습득한 지식이라고 할 수 있다. 예를 들면 연장자 앞에서 술을 마실 경우 몸을 돌려서 마신다고 하는 행동을 단순한 허리 운동이 아니라 사회생활에서의 예의범절로 이해하는 것, 이것이 경험의 해석이며, 그와 같은 해석을 하는 지식이 바로 문화이다.

그리고 사회적 행위를 영위하기 위해 습득된 지식이란 말은 상대방이 자신에게 예의범절을 취할 경우, 일방적으로 그것을 누리는 것이 아니라 자신도 다른 누군가에게 동일한 행동을 할 수 있는 지식을 말한다. 그리고 지식이라는 말 자체는 이러한 지식이 선천적으로 주어지는 능력이 아니라, 언어활동을 통해서 후천적으로 얻어지는 것을 의미한다. 즉 문화적인 활동은 언어활동을 매개로 하여 성립하는 것으로 언어와 문화의 관계를 보면 언어는 결국 문화란 말이 된다. 그러나 문화는 인간 활동 전반을 내포하므로 정확하게 말하면 언어는 문화를 구성하는 여러 요소 가운데 하나라는 것이 올바른 견해라고 할 수 있다.

이 언어와 문화의 관계는 실로 미묘하여 어느 문화를 이해하려고 할 때, 그 문화권 속에서 사용되는 언어 없이 문화를 이해할 수 없으며, 문화에 대한 이해 없이 특정 언어를 충분히 이해할 수 없다.

언어를 통해서 문화를 이해하고자 할 경우, 자국 문화와의 공통점과 차이점으로 문화의 개별성과 보편성, 언어상대성론 등과 같은 개념들이 대두된다. 이하에서는 이들 개념을 살펴보기로 한다.

13.2 문화의 개별성과 보편성

문화의 상대성을 중시하고 각각을 상대적인 존재로 이해하려는 입장을 개별성(particularism)이라 한다면, 인간의 모든 문화를 관통하는 일반원리를 해명하고자 하는 입장은 보편성(universalism)에 입각한 것이라 하겠다.

문화적 상대성에 주목하여 언어(영어, 일본어, 한국어)와 문화의 관계에 주목하면 우선 일본문화는 침묵을 지키는 문화라고 할 수 있다.

반면에 영미문화는 침묵을 깨고 자신의 의견을 전면에 내세우는 문화라는 것이 일반적인 견해이다(한국문화는 필자의 개인적인 의견으로는 일본과 영미의 중간적인 위치를 차지한다고 본다). 예를 들어 일본어에는 "言わぬが花(말하지 않은 것이 꽃)", "言わぬは言うにまさる(말하지 않는 것은 말하는 것보다 낫다)"라는 말이 있듯이 전통적으로 일본인은 말을 하는 데에 있어 신중을 기하거나 삼가는 태도를 보이는 것이 일반적이다. 그리고 고토다마(言靈) 사상에서 보듯 모든 말에는 정령이 깃들어 있어 예로부터 소리를 높여 말하는 것이 금기시됐다. 한국어에도 '말이 씨가 된다'라는 말이 있듯이 한국문화에서도 말의 신중함을 기하고자 하는 사회정서가 있음을 볼 수 있다.

이미 언급한 바와 같이 영미문화는 침묵을 깨고 자신의 의견을 밝히는 문화이다. 물론 "speech is silvern", "silence is golden"이라는 말이 있지만, 영미문화에서는 그것에 머물지 않고 "speech is, after all, not the silvern but the golden thing, when rightly used(말은 결국은 은이 아니라 금이다. 사용법만 올바르다면)"라는 격언과 속담이 있듯이 말을 얼마나 효과적으로 사용하느냐에 따라 말의 가치를 침묵 위에 두고 있다. 이에 영미문화에서는 수사법과 웅변술이 발달했으며 'oratory(웅변술)', 'orator(웅변가)', 'oration(연설)', 'oratorio(성담곡)'와 같은 단어가 생겨났다.[1]

그밖에 일본문화와 영미문화의 차이점을 보면 일본문화는 '읽는 문화'인 반면에, 영미문화는 '말하는 문화'이며, 나아가 일본문화는 수동태를 즐겨 쓰는 문화인 반면에, 영미문화는 능동태를 즐겨 쓰는 문화로 알려져 있다.[2]

한국과 일본의 가정 내에서 인사를 하는 빈도의 차이를 보면 아침에 일어났을 때, 자기 전, 식사를 시작할 때, 식사가 끝났을 때, 일본인들의 인사빈도가 한국인보다 훨씬 높다(평균 20% 이상). 외출할 때나 귀가 시에는 일본인들과 한국인들의 인사빈도가 비슷한 것으로 밝혀졌다(평균 5% 이내).[3]

13.3 언어상대성론

13.2에서는 영미문화와 일본문화의 비교를 통해 문화의 개별성에 대해 간략히 살펴보았다. 그런데 문화의 개별성과 보편성 양쪽을 고려할 때, 인간이 매일 사용하는 언어습관이 인간의 경험이나 사고양식을 규정하느냐 혹은 하지 않느냐 하는 문제가 대두된다. 즉 문화가 다르면 사물을 보는 관점이나 사고방식이 다르고 그러한 차이에 의해서 언어 표현에도 차이를 보인다면 그것은 문화의 개별성과 직결되는데, 이러한 생각을 언어상대성론(Linguistic relativism)이라고 한다. 이와는 반

대로 사물을 보는 관점이나 사고방식이 다르다고 해도 언어 표현에 차이를 보이지 않는다면 그것은 문화의 보편성과 직결되는데, 이러한 생각을 언어결정론(linguistic determinism)이라고 한다. 어느 쪽의 관점도 나름대로 일리 있는 근거가 있지만, 본 절에서는 언어상대성론적 관점을 지지하는 몇 가지 사실을 지적하고자 한다.

첫째, 다음의 예에서 제시하는 북아메리카 원주민의 언어인 호피어와 유럽어(SAE＝standard Average European)의 차이를 보면 호피어를 사용하는 화자들은 시간의 길이를 길이로 표시하지 않고 두 가지 이상의 사건 사이의 관계로 포착하는 데에 반해〔(1b)〕 유럽어 화자는 길이로 포착한다고 한다〔(1a)〕.[4]

(1) a. They stayed ten days.

'그들은 10일간 체재하였다.'

b. They stayed until the eleventh day.

'그들은 11일째까지 체재하였다.'

즉 호피어를 예시하는 (1b)를 보면 유럽어에서와 같은 '열흘'이나 '복수형'을 사용하지 않는다.

둘째, 색채어휘의 차이이다. 북아메리카 원주민 나바호족이 사용하는 나바호어는 영어와 마찬가지로 '하양, 빨강, 노랑'이라는 색을 나타내는 어휘는 존재하지만 '회색'과 '갈색'의 구별을 나타내는 색채어휘는 존재하지 않는다. 그리고 '파랑'과 '녹색'도 하나의 단어로 표시한다. 이것은 특정 색채에 대해 구별을 못 해서가 아니라 구별의 필요성을 못 느낀 데에서 기인하는 것이라고 할 수 있다.

셋째, 첫 대면에서 자기소개할 때 일본어와 영어의 차이다.[5]

    (2) a. 이름만 말한다. I´m Jack.

        b. 성만 말한다. My name is James.

        c. 성과 이름 모두 말한다. I´m Jack James.

        d. 성에 타이틀만 붙여서 말한다. I´m doctor(Mr., Mrs., President.,···) James.

영어에서는 모두가 가능하지만, 일본에서는 (2b)와 (2c)만 가능하다. 한편 한국에서는 필자의 사견이기는 하지만 (2c)만 가능하다.

넷째, 자연어휘의 차이이다. '눈'에 관한 어휘로 에스키모(Inuit)는 눈의 상태나 용도에 따라서 세세한 구별을 하고 있다. 예를 들면 에스키모어에서는 20종 이상의 눈 관련 어휘를 가지고 있는데, 뜻을 살펴보면 '내리는 눈', '식수를 만들기 위한 눈', '땅 위에 퍼져 있는 눈', '크기가 작은 촘촘한 눈', '함박눈'을 의미하는 5개의 어간에 결합된 20종 이상의 눈 관련 어휘가 있다.[6]

한국어에는 에스키모어보다 눈 관련 어휘가 상대적으로 적은 것 같지만, 실상은 그렇지 않다. 예를 들어 '가랑눈: 조금씩 잘게 내리는 눈', '가루눈: 가루 모양으로 내리는 눈', '길눈: 한 길이 될 만큼 많이 쌓인 눈', '눈보라: 바람에 불리어 휘몰아쳐 날리는 눈', '눈비: 눈과 비를 아울러 이르는 말', '눈송이: 굵게 엉기어 꽃송이처럼 내리는 눈', '눈서리: 눈과 서리를 아울러 이르는 말', '눈옷: 산이나 나무 따위에 수북이 덮인 눈을 비유적으로 이르는 말', '눈꽃: 나뭇가지 따위에 꽃이 핀 것처럼 얹힌 눈이나 서리', '도둑눈: 밤사이에 사람들이 모르게 내린 눈', '밤눈: 밤에 내리는 눈', '복눈: 〔북한어〕복을 가져다주는 눈이라는 뜻으로, 겨울에 많이 내리는 눈을 이르는 말', '봄눈: 봄철에 오는 눈', '숫눈: 눈이 와서 쌓인 상태 그대로의 깨끗한 눈', '싸라기눈: 빗방울이 갑자기 찬바람을 만나 얼어서 떨어지는 쌀알 같은 눈', '자국눈: 겨우 발자국이 날 만큼 적게 내린 눈', '진눈깨비: 비가 섞여 내리는 눈', '포슬눈: 가늘고 성기게 내리는 눈', '풋눈: 초겨울에 들어서 조금 내린 눈', '함박눈: 굵고 탐스럽게 내리는 눈' 등을 들 수 있는데 에스키모어 못지않게 풍부하게 존재하고 있음을 알 수 있다.[7]

그리고 변별적인 특징으로 자연어휘의 차이를 객관적으로 포착하고자 하는 경우가 있다. 예를 들어 다음의 표에서 보듯 '물'에 관한 독일어 'Fluss, 'Strom', 'Bach', 'Rinnsal', 'See', 'Teich', 'Tümpel', 'Kanal'과 영어의 'river', 'stream', 'brook', 'lake', 'pond', 'canal', 'channel'을 비교하기 위해 ① 흐르는 물인가(유수인가), 고여있는 물인가? ② 자연수인가, 인공수인가? ③ 큰가, 작은가? 라는 세 가지 의미자질(semantic feature, 의미자질의 개수를 늘릴 수도 있다)의 유무를 '+', '−'로 각 단어들의 차이를 표시하는 것이다. 이렇게 되면 독일어와 영어의 어휘 간에 내재된 의미의 차이를 확연히 파악할 수 있다.[8]

	Fluss	river	Strom	stream	Bach	brook	Rinnsal
유수인가	+	+	+	+	+	+	+
고인물인가	−	−	−	−	−	−	−
자연수인가	+	+	+	+	+	+	+
인공수인가	−	−	−	−	−	−	−
큰가	+	+	+	±	−	−	−
작은가	−	−	−	±	+	+	+

	See	lake	pond	Teich	Tümpel	Kanal	canal	channel
유수인가	−	−	−	−	−	+	+	+
고인물인가	+	+	+	+	+	−	−	−
자연수인가	+	+	±	−	+	−	−	−
인공수인가	−	−	±	+	−	+	+	−
큰가	+	+	−	+	−	+	±	+
작은가	−	−	+	−	+	−	±	−

제13장 연습문제

1. 한국문화와 자신이 전공하고자 하는 언어를 사용하는 국가의 문화가 어떤 점에서 공통점과 차이점이 있는지 인터넷이나 문헌에서 찾아 정리해 봅시다.

2. 자신이 전공하고자 하는 언어, 관심이 가는 언어의 색채어휘를 한국어의 색채어휘와 비교하면서 정리해 봅시다.

3. 자신이 전공하고자 하는 언어, 관심이 가는 언어의 무지개색이 몇 가지인지 인터넷이나 해당 언어 원어민들의 진술을 통해서 확인하여 정리해 봅시다.

4. 자신이 전공하고자 하는 언어, 관심이 가는 언어의 자연어휘를 인터넷이나 문헌에서 확인하여 정리해 봅시다.

제13장 주

1) 히구치 도키히로(樋口時弘)·나카무라 다모쓰(中村完), 「第7章-言語と文化」, 『言語学のすすめ』, 大修館書店, 1983, pp. 211~212.

2) 상세하게는 히구치 도키히로(樋口時弘)·나카무라 다모쓰(中村完, 1983: 216~224)를 참조할 것.

3) 상세하게는 홍민표(洪珉杓)(2007, pp. 29~47)를 참고할 것.

4) 예문 (1)에 대한 설명은 히구치 도키히로(樋口時弘)·나카무라 다모쓰(中村完, 1983, p. 200)를 참조하였다.

5) 미국인과 일본인에게 직접 물어보고 얻은 결론이다.

6) 호소가와 고메이(細川弘明), 「第7章-言葉と文化」, 『言語学を学ぶ人のために』, 世界思想社, 1991, p. 154.

7) 네이버 지식iN(2013. 08. 02)에서 인용하였다.

8) 이시와타 도시오(石綿敏雄)·다카다 마코토(高田誠), 『対照言語学』, 桜楓社, 1990. p. 163.

제14장 언어(외국어)의 교수법

우리는 지금까지 언어의 다양한 면을 이해해 왔다. 그런데 언어의 다양한 면을 이해해 온 만큼이나 중요한 것이 있는데, 그것은 다양한 면을 지니는 언어를 실제로 어떠한 방법으로 가르칠 수 있느냐는 것이다. 어떠한 방법으로 가르치느냐 하는 것은 언어를 자신이 아는 대로 무턱대고 가르친다는 것이 아니라 각자에게 알맞은 방법으로 가르쳐져야 한다는 것을 의미한다. 그러기 위해서는 언어의 다양한 면을 이해하는 것과 마찬가지로 언어의 다양한 교수법에 대한 지식을 획득해 둘 필요가 있다.

제14장의 키워드

문법 역독식 교수법(Grammar-Translation Method), 자연주의 교수법(Natural Method), 구앵식 교수법(Gouin Method), 시리즈 방식(Series Method), 벌리츠식 교수법(Berlitz Method), 음성학적 교수법(Phonetic Method), 구두 연습법(Oral Method), 구조언어학(Structural Method), 음소(phoneme), 형태소(morpheme), 단어(word), 구(phrase), 절(clause), 문장(sentence), 육군특수훈련프로그램(ASTP, Army Specialized Training Program), 상급 교사(senior instructor), 드릴 마스터(drill master), 밈멤 연습(mimicry-memorization practice), 청화식 교수법(audio lingual method), 행동주의 심리학(behavioristic psychology), 패턴 연습(pattern practice), 반복 드릴(repetition drill), 확장 드릴(expansion drill), 전개 드릴(development drill), 대입 드릴(substitution drill), 변형 드릴(transformation drill), 결합 드릴(combination drill), 완성 드릴(completion drill), 문답 드릴(question and answer drill), 침묵식 교수법(silent Way), 사운드 차트(sound chart), 컬러 차트(color chart), 벽 그림(wall picture), 로드(rod), 어휘 차트(word chart), 피델(fidel), 그림 교재, 워크시트(work sheet), CLL(Canti-suggestive barriersommunity Language Learning), 카운슬링 러닝(counseling learning), 전신반응 교수법(Total Physical Response, TPR), 자연주의적 접근법(natural approach), 습득-학습 가설(Acquisition-Learning Hypothesis), 학습(learning), 자연 순서 가설(The Natural Order Hypothesis), 자연스러운 일정한 순서(natural order), 모니터 가설(Mornitor Hypothesis), 입력 가설(The Input Hypothesis), 정의 필터 (affective filter), 암시식 교수법(suggestopedia), 암시학(suggestology), 심리적 장벽(anti-suggestive barriers), 의사소통적 접근법(communicative approach)

14.1 다양한 교수법

언어의 교수법이 본격적으로 등장하기 시작한 것은 중세 이후로 알려져 있다. 가장 일반적으로 사용된 것은 문법 역독식 교수법이다. 이 교수법은 현재의 대학에서도 광범위하게 사용되고 있을 정도로 강한 생명력을 보여 주고 있다.

그러나 그 이후 근대 문명의 주요 무대가 유럽에서 미국으로 넘어감에 따라 구조언어학, 심리학·인지학습이론, 의사소통적 접근과 같은 언어교육 방식이 출현하게 되었다. 이하의 절에서 제시하는 다양한 외국어 교수법은 어느 하나라도 완벽한 것은 존재하지 않는다. 특정한 외국어 교수법이 특정한 학습자에게는 적합할 수도 있고, 반대로 그렇지 않을 수도 있기 때문이다. 따라서 언어의 다양한 면을 습득한 독자들은 외국어 교수법에 대한 다양한 지견을 획득함으로써 자신의 지식을 잘 전달할 수 있도록 할 필요가 있다고 생각된다.[1]

14.2 문법 역독식 교수법

문법 역독식 교수법(Grammar-Translation Method)은 외국어 교수법 중에서 매우 보수적인 교수법이다. 예를 들어 목표 언어가 영어라고 한다면 영어로 된 문학 작품의 이해나 감상을 위한 교양적인 측면을 중시하는 교수법을 말한다. 다음은 유명한 셰익스피어의 소네트 18번 시이다.

Shall I compare thee to a summer's day?

Thou art more lovely and more temperate

Rough winds do shake the darling buds of May,

And summer's lease hath all too short a date

Sometimes too hot the eyes of heaven shines,

And often is his gold complexion dimmed

And every fair from fair sometimes declines

By chance or nature's changing course untrimmed

But thy eternal summer shall not fade

Nor lose possession of that fair thou ow'st

Nor death brag thou wand'rest in his shade

when in eternal lines to time thou grow'st

So long as men can breathe or eyes can see,

So long as lives this, and this gives life to thee

그대를 여름날에 비할 수 있을까요?

그대가 더욱 사랑스럽고 온화합니다.

거친 바람이 5월의 소중한 꽃망울을 흔들고

여름날은 너무나도 짧습니다.

태양은 때로는 뜨겁게 빛나고

그의 황금빛 안색은 자주 흐려집니다.

모든 아름다움 중의 아름다움도 희미해지고

우연히 혹은 자연의 변화로 화려한 치장은 지워집니다.

그러나 그대의 영원한 여름은 시들지 않을 것이며

그대가 지닌 아름다움을 잃지도 않을 것입니다.

죽음은 그대가 제 어둠 속을 헤맨다고 자랑하지 못할 것입니다.

그대는 이 불멸의 시 속에서 영원할 것이니까요.

사람들이 숨 쉴 수 있고 볼 수 있는 눈을 가진 한

이 시는 영원히 살아서 그대에게 생명을 줄 것입니다.

예를 들어 위의 시를 이해하기 위해 문법 규칙이나 문장 형식, 문형을 학습자들에게 암기시킨 후 다시 영어 문장을 읽고 모국어, 즉 한국어로 번역하고 그 의미를 파악하도록 하는 방법이다. 그리고 영어의 단어나 표현, 숙어 등을 암기하게 하고 읽기 및 쓰기 능력을 배양하도록 한다.

문법 역독식이 외국어 교수법 중에서 가장 보수적이라고 말한 것은 문법 역독식이 문학 작품에 나타난 문장의 의미 파악에 주안점을 두는 반면, 학습자의 구두 훈련이나 음성지도, 의사소통 능력의 향상에는 주안점을 두지 않았기 때문인데, 이러한 문법 역독식의 보수성은 다음과 같은 문법 역독식의 언어관과 언어학습관에서 쉽게 드러난다.

가. 문법 역독식의 언어관

① 문학 작품에 나타난 문자 언어는 그렇지 않은 음성 언어보다도 뛰어나다.

② 목표 언어(예를 들면 영어)에 존재하는 모든 단어는 모국어로 1대 1로 번역할 수 있다.

나. 문법 역독식의 언어학습관

① 번역만 할 수 있으면 그것은 목표 언어를 성공적으로 학습한 것
　 이다.

② 외국어 학습은 모국어에 대한 이해를 심화시키고 지적 성장에
　 기여할 수 있다.

14.3 문법 역독식에 대항해서 출현한 외국어 교수법

　문법 역독식에 의한 외국어 교수법은 중세의 엘리트 계급에 속하는 사람들의 전유물이었다고 해도 과언이 아니었다. 그것은 이미 살펴본 바와 같이 문법 역독식이 실용적인 목적을 거부하고, 오로지 지적 성장을 추구하는 사치스런 언어관과 학습관을 가지고 있기 때문이었다.

　그러나 18세기 중반부터 나타난 산업혁명의 영향으로 국가 간의 교류가 활성화되고, 사람들의 왕래도 활발해져 감에 따라 외국어로 의사소통을 하기 위한 실용적인 측면이 외국어 교육에서 필요하게 되었다.

　이러한 시대적 흐름 속에서 대두한 외국어 교수법이 자연주의 교수법, 음성학적 교수법, 구두 연습법이다. 이하 이들 세 가지 교수법의 특징에 대해서 살펴보겠다.

(1) 자연주의 교수법

자연주의 교수법(natural method)은 의사소통 향상을 위한 구두 언어 중심의 교수법이다. 유아가 모국어를 습득하는 과정을 자세히 관찰해서 목표 언어로 목표 언어를 가르친다. 즉 예를 들면 영어를 영어로 가르치는 교수법이다. 대표적으로는 구앵식 교수법과 벌리츠식 교수법을 들 수 있다.

① 구앵식 교수법

구앵식 교수법(Gouin Method)에서 주목하는 언어의 습득 방식은 두 가지로 나뉜다. 하나는 유아의 심리적 발달에 주안점을 두고 획득된 결론을 외국어 교육에 적용한 경우이다. 아기를 잘 관찰하면 아기는 모국어를 번역하거나 모국어 문법을 의도적으로 습득하지 않는다. 아기는 자라면서 듣기 → 말하기 → 읽기 → 쓰기의 과정을 습득한다. 이러한 심리적 과정을 외국어 교육에 적용한 것이 구앵식 교수법의 큰 특징이라고 할 수 있다.

다른 하나는 구앵식 교수법이 모든 사건을 자그마한 사건이 연쇄적으로 모여서 구성되는 것, 즉 시리즈 방식(Series Method)으로 언어를 습득하는 것으로 본다는 것이다. 구앵식 교수법에서는 동사의 존재를 중시하고 특정 동작을 일련의 하위 동작으로 나누어 기술하다 보면 특정한 동작을 나타내는 동사를 쉽게 학습할 수 있다는 것이다. 예를 들면 '문을 연다'고 하는 동작은 다음과 같은 자그마한 사건이 연쇄로 이루어진다.

I walk toward the door.

I draw near the door.

I get to the door.

I stop at the door.

I stretch out my arm.

I take hold of the door knob.

I turn the knob.

The knob clicks.

I pull the door.

I open the door.

'문을 연다'고 하는 동작에 있어서 연쇄하는 이상 일련의 문장을 익히도록 하면 목표 언어(영어)의 동사를 쉽게 학습할 수 있다는 것이다. 여기에서 주목해야 하는 것은 교사는 상기한 영어 문장을 가르칠 때 목표 언어(영어)뿐만 아니라 모국어도 말한다는 것이다.

② 벌리츠식 교수법

외국어 습득에 모국어 습득의 과정을 적용한 점에서는 구앵식 교수법과 공통되는 점이 있지만, 벌리츠식 교수법(Berlitz Method)에서는 교실활동에서 모국어의 사용이 엄격하게 배제된다는 점에서 구앵식 교수법과 구별된다. 예를 들어 영어 관계대명사 구문이나 관계부사 구문을 학습자들에게 지도할 때, 한국어로 일절 설명하지 않고 그림이나 제스처를 통해 이들 구문을 설명한다. 발음도 해당 영어 발음을 학습자들에게 모방하도록 할 뿐, 발음하는 방법에 대해서 한국어로 설명을 일절 하지 않는다. 이 때문에 벌리츠식 교수법을 중시하는 교육기관에서는 목표 언어의 원어민을 교사로 채용하는 일이 많았다.

(II) 음성학적 교수법

음성학적 교수법(Phonetic Method)은 외국어 교육을 위해 교실에서 발음기호를 적용한 교수법이다. 문법보다는 발음을 무엇보다도 최우선적으로 지도하였다. 이 교수법의 특징은 문장을 구성하는 단어와 단어를 반복적으로 발음하다 보면 단어와 단어 사이의 통사적 관계가 자연스럽게 이해가 된다고 보는 데에 있다. 구체적인 교실활동에서 교사는 모국어에 의한 설명이나 지시가 전제되었다는 점에서 구앵식 교수법과 공통점을 지닌다.

대표적인 학자로는 스위트(H. Sweet)와 제퍼슨(O. Jeperson)을 들 수 있다. 스위트는 외국어 교육에서 음성 교육과 구두 연습의 중요성을 주장하였으며, 제퍼슨은 스위트의 그러한 주장을 계승하고 발전시킨 인물이다. 양쪽 모두 발음기호를 통한 외국어 교수법을 주창했다는 점에서 외국어 교육에 과학적인 접근을 시도한 인물들로 평가할 수 있다.

(III) 구두 연습법

구두 연습법(Oral Method)은 파머(Parmer, H.E. 1877~1949)가 주창

한 외국어 교수법이다. 사회적 습관 형성(언어는 사회적인 습관이고 그것을 획득하기 위해서는 반복 연습하는 것이 중요하다)에 의해서 유아는 모국어의 음성적인 언어를 습득하는 것으로 보았다. 유아는 자신의 주위에 있는 사람들의 입을 관찰하고, 말을 흉내 내며, 익숙해질 때까지 계속해서 말을 하고, 단어에 의미를 부여하거나 유추에 의해 글을 쓰기도 하는데, 유아의 이러한 습관 형성을 파머는 외국어 교수법에 적용한 것이다.

파머는 근대 언어학의 아버지로 불리는 소쉬르(Saussure, F. 1857~1913)가 말하는 언어의 체계(랑그, langue)와 운용(파롤, parole)이라는 두 가지 측면 중에서 언어의 운용적인 측면을 우선시하였다. 그리고 그 운용적인 측면은 음을 식별하는 연습, 발음 연습, 반복 연습, 재생 연습, 치환 연습(단어를 바꿔 넣어서 동일한 문형으로 새로운 문장을 만들어 내는 연습), 명령 연습, 정형 회화(자유회화가 아닌 문답 방식이 정해진 회화 연습)라는 7가지 습관을 형성하는 것에 의해서 발달할 수 있다고 주장하였다.

14.4 구조언어학에 이론적 근거를 둔 외국어 교수법

14.3절까지 설명한 외국어 교수법은 모두 유럽에서 발생하여 제창된 것이다. 그런데 20세기 후반에 들어서면서 미국에서 발생한 구조언어학(structural linguistics)적인 방법에 바탕을 둔 외국어 교수법이 제창되었다.

구조언어학에서는 언어의 체계를 음소(phoneme) → 형태소(morpheme) → 단어(word) → 구(phrase) → 절(clause) → 문장(sentence)이라는 선상적인 연결 구조로 간주한다. 즉 가장 작은 단위가 모여 보다 더 큰 단위가 형성된 것으로 간주하는 것이다. 상기한 특정 용어들은 각각의 작은 단위가 모여 일정한 단위가 성립된 해당 레벨에서 규정된 각자 유의미한 결과체라고 생각하면 된다.

이러한 생각을 지닌 구조언어학에 이론적 바탕을 둔 교수법으로 육군특수훈련프로그램(ASTP), 청화식 교수법을 들 수 있다. 이하 이들 교수법에 대해서 살펴보도록 한다.

(1) 육군특수훈련프로그램(ASTP)

제2차 세계대전 중 미국 정부는 전쟁을 수행 중인 국가의 정보수집이나 첩보활동을 위해 육군 특수훈련계획을 입안하고, 육군과 해군을 대상으로 단기 외국어 교육(90일)을 실시하였다. 대상 언어는 독일어, 중국어, 일본어, 이탈리아어였다. 이 프로그램의 이론적 기반을 제공한 것은 블룸필드(Bloomfield.L, 1887~1949)라는 언어학자였다.

　육군특수훈련프로그램(ASTP, Army Specialized Training Program)의 특징은 i) 90일 정도의 단기간 동안 집중적으로 수업이 행해졌으며, ii) 한 클래스의 인원을 10명 이내로 제한했다는 점, iii) 실용적인 음성 연습(구두 연습)이 철저하게 시행되었으며, iv) 교사의 분업(상급 교사, 드릴 마스터)이 이루어졌다는 데에 있다.

　교사는 상급 교사(senior instructor)와 드릴 마스터(drill master)로 나누어지는데, 전자의 상급 교사는 영어를 예로 들어 말하면 한국인 영어교사를 지칭한다. 이 교사는 학습자들에게 쉽게 이해될 수 있도록 문법 규칙이나 발음을 모국어로 설명하는 역할을 한다. 한편 후자의 드릴 마스터는 원어민으로 상급 교사가 강의한 내용을 토대로 학습자들에게 철저하게 구두 연습을 시키는 역할을 한다.

　육군특수훈련프로그램(ASTP)에서는 학습자들로 하여금 밈멤 연습 (Mimicry-Memorization practice)이라는 구두 연습을 철저히 시킨다. 밈멤 연습이란 모방-기억 연습의 약칭으로 원어민 교사의 발음을 학습자가 그대로 모방하여 반복적으로 복창하는 것에 의해 발음의 교정뿐만 아니라 문장이나 패턴을 암기시킨다.

(II) 청화식 교수법

　제2차 세계대전이 끝나고 육군특수훈련프로그램(ASTP)의 방법론을 일반인들에게 적용한 청화식 교수법이 등장하게 되었다. 이 청화식 교수법(Audio-Lingual Method)은 미국의 미시간 대학교에 당시 재직 중이던 프리즈(Fries, C.C.,1887~1967)가 완성한 것이다.

청화식 교수법은 구조언어학과 함께 행동주의 심리학(Behavoristic Psychology)에도 이론적 기반을 둔 것이다. 행동주의 심리학이란 자극에 대한 인간(동물)의 반응을 연구하는 심리학의 한 이론이다. 이 이론에 따르면 외국어 학습이란 교사의 지시(자극)에 의해서 학습자가 자연스럽게 대답(반응)할 수 있도록 목표 언어습관을 형성하는 과정으로 본다. 학습자가 해당 목표 언어습관을 자연스럽게 형성하기 위해서는 패턴 연습(pattern practice)이라고 하는 지속적이고 반복적인 구두 연습이 필요하다. 패턴 연습에는 반복 드릴(repetition drill, 교사의 말을 학습자가 모방해서 반복적으로 말하는 연습), 확장 드릴(expansion drill, 횟수가 거듭됨에 따라 교사와 학습자의 문장이 길어지는 연습), 전개 드릴(development drill, 교사는 학습자에게 특정 표현을 자극으로 제시하고, 특정 표현을 제시받은 학습자는 원래 문장을 더 확대해 가는 연습), 대입 드릴(substitution drill, 교사가 학습자에게 제시한 원래 문장의 일부를 다른 표현으로 제시하면 학습자는 해당 표현으로 문장을 다시 바꾸는 연습), 변형 드릴(transformation drill, 교사가 기본 단어를 제시하고 학습자가 교사가 원하는 형태로 어형을 바꾸는 연습), 결합 드릴(combination drill, 두 가지 이상의 별개의 문장을 하나의 문장으로 학습자가 완성하는 연습), 완성 드릴(completion drill, 교사가 불완전한 문장 요소들을 학습자에게 제시하면 학습자는 해당 문장 요소들을 가지고 올바른 문장으로 완성하는 연습), 문답 드릴(question and answer drill, 교사가 특정 내용을 학습자에게 제시하며 질문하면 학습자는 제시된 특정 내용을 넣어 대답하는 연습) 등이 있다.

14.5 심리학·인지학습 이론에 근거를 둔 외국어 교수법

심리학 및 인지학습 이론에 근거를 둔 외국어 교수법으로 침묵식 교수법, CLL, 전신반응 교수법, 자연주의 접근법, 암시식 교수법을 들 수 있다. 이하에서는 이들 교수법에 대해서 살펴보도록 한다.

(1) 침묵식 교수법

침묵식 교수법(Silent way)은 가테노(Gattegno, C.)가 제창한 이론을 누군가가 교실활동에 적용한 것으로 가테노 자신이 직접 침묵식 교수법을 직접 제안한 것은 아니다.

이 교수법은 교사가 교실활동에서 가능한 한 학습자들에 대해 발화를 자제하고 학습자들끼리 주체적으로 회화를 할 수 있도록 유도하고, 설사 학습자들이 비문법적이고 상황이나 문맥에 맞지 않는 언어를 사용한다고 해도 학습자 자신들의 시행착오를 통해 옳고 그름을 깨달을 수 있도록 교사는 침묵을 지키며 관찰 혹은 보조적인 역할을 수행해야 한다는 교수법이다.

학습자들의 자주적이고 주체적인 교실활동을 돕기 위해 교사는 학습자들에게 사운드 차트(sound chart), 컬러 차트(color chart), 벽 그림(wall picture), 로드(rod), 어휘 차트(word chart), 피델(fidel), 그림 교재, 읽기 및 쓰기 연습을 위한 워크시트(work sheet) 등을 배치해두거나 혹은 제시할 수 있어야 한다.

(II) CLL

CLL(Community Language Learning)은 미국의 심리학자 커런 (Curran, C.A. 1913~1978)이 제창한 카운슬링의 이론과 절차를 누군가 가 외국어 교육에 적용한 교수법이다. 교사는 카운슬러의 역할을 하 며, 학습자는 고객으로서 최대한 편안하게 외국어를 학습할 수 있도 록 최대한 편안한 분위기를 제공하고, 학습자가 자주적으로 외국어 를 학습할 수 있도록 도와야 한다. 따라서 이 교수법을 카운슬링 러닝 (Counseling Learning, CL)이라고도 한다.

영어 학습을 예로 들어 보자. 교사는 학습자들을 원형 테이블 혹은 사각 테이블을 중심으로 앉히고, 학습자들의 배후에 서서 학습자들이 자유롭게 영어 회화를 할 수 있도록 한다. 학습자들에게 원형 테이블 이나 사각 테이블을 중심으로 앉히는 것은 학습자들이 서로 공동체 의 식을 가지게 하기 위함이며, 교사가 학습자들의 배후에 서는 것은 교 사의 존재가 학습자들에게 위협적인 존재로 인식되지 않게 하기 위함 이다. 특정 학습자가 자신이 전달하고자 하는 단어를 영어로 전달하지 못하는 경우, 학습자가 교사에게 '장미를 영어로 뭐라고 하죠?'라고 한 국어로 물으면 교사는 학습자의 귀에 'rose'라고 속삭이듯 말해 준다. 학습자들이 말한 모든 회화 내용은 녹음되며, 학습자들은 자신의 녹음 여부를 스스로 결정할 수 있다. 교사는 나중에 학습자들이 교실활동에 서 발화된 내용을 녹음기로 들려주며 잘된 점, 개선해야 할 점을 학습 자들에게 지도한다.

(Ⅲ) 전신반응교수법

전신반응교수법(Total Physical Response, TPR)은 학습자의 듣기 능력을 최우선으로 한다. 심리학자 아서(Asher, J.J)가 제창한 교수법이다. 교사가 영어로 명령(자극)을 하면, 학습자는 전신으로 해당 명령에 해당하는 행동(반응)을 한다. 교사가 반복적으로 명령(자극)하고 학습자가 반복적으로 행동(반응)하다 보면 학습자들은 자연스럽게 언어(음성)와 동작(의미)을 연결 짓게 되고, 그 결과 음성과 의미를 이해하게 된다. 전신반응교수법에서는 매개어(예를 들어 모국어)의 개입이 허락되지 않는다. 구체적인 예를 들면 다음과 같다.

① 영어를 모르는 학습자들에게 교사가 'sit down'이라고 말하면서 앉는 동작을 취한다.
② 반대로 'stand up'이라고 말하면서 교사는 일어서는 동작을 취한다.
③ 교사는 'sit down'이라고 말하면서 학습자들과 함께 앉는 동작을 취한다.
④ 교사는 'stand up'이라고 말하면서 학습자들과 함께 일어서는 동작을 취한다.
⑤ 교사는 아무런 동작을 취하지 않고 구두로 'stand up'이라고 말하며 학습자들이 일어서는 과정을 지켜본다.
⑥ 반대로 교사는 'sit down'이라고 말하며 학습자들이 앉는 과정을 지켜본다.

(Ⅳ) 자연주의적 접근법

자연주의적 접근법(Natural Approach)은 언어를 학습자들이 자연스럽게 습득하도록 하는 교수법이다. 자연스럽게 습득하게 한다고 해서 아무런 방법 없이 마냥 학습자들을 방치한다는 뜻은 아니다. 테렐(Terell, T. D)이 모국어 습득의 과정을 관찰하고 실천을 거듭한 외국어 교육의 방법을 크라센(Kreshen, S.D)이 제2언어습득에 적용한 외국어 교육을 다음과 같은 5가지 가설로 교수법을 실천하는 것이다.

① 습득-학습 가설(Acquisition-Learning Hypothesis) : 학습자는 외국어를 무의식적으로 습득(acquisition)하기도 하며 반대로 의식적으로 학습(learning)하기도 한다. 따라서 교사는 학습자들이 외국어를 습득하거나 혹은 학습의 형태로 말을 배우게 된다는 의식을 지니고 그에 따른 다양한 방법을 교실활동에서 실천해야 한다.

② 자연 순서 가설(The Natural Order Hypothesis) : 모국어와 마찬가지로 외국어 문법을 습득하는 경우, 그 습득에는 자연스러운 일정한 순서(natural order)가 있다는 가설이다. 교사는 이 가설에 따라 영어 교재에 나타난 문법 실러버스(항목)의 학습에서 그 학습 순서가 어떤 식으로 이루어지는지 그 과정을 다양한 형태로 지켜보고, 다년간의 관찰을 통해서 이를 교실활동에 전략적으로 도입할 필요가 있다.

③ 모니터 가설(Mornitor Hypothesis) : 교실활동을 통해서는 학습자들이 외국어 문법(외국어 체계)에 대한 지식을 실제 외국어 발화를 산출하는 데에는 크게 공헌하지 못하며, 외국어의 정확함만을 체크하는 기능만 습득한다는 가설이다. 따라서 교사는 교실활동에서 행해지는 4기능 연습을 실제로 학습자들이 한다고 해도 그것이 곧바로 학습자들의 회화 능력으로 직결된다는 성급한 판단을 하지 않는 편이 좋다.

④ 입력 가설: 기존의 학습 내용보다 좀 더 복잡하고 어려운 구조가 학습자들에게 입력되면 학습자들의 습득이 갑자기 활성화된다는 가설이다. 학습 의욕이 있는 학습자에게는 이러한 입력 가설(The Input Hypothesis)이 실제로 적용될 가능성이 크므로 교사는 평소보다 어려운 문법 항목을 교실활동에 의식적으로 도입할 필요가 있다.

⑤ 정의필터 가설: 학습자가 외국어 학습에 대한 불안을 가지고 있으면 정의필터(affective filter)가 작동하여 외국어 학습이 원만하게 이루어지지 않는다는 가설이다. 실제로 학습자들은 영어 학습을 비롯하여 경제사정, 진학, 가정환경, 이성교제 등과 관련하여 많은 불안을 가지고 있는데, 이들 불안이 커지면 커질수록 정의필터에 걸리기 쉽고 그 결과 외국어 학습이 원만하게 이루어지기 어렵다.

(V) 암시식 교수법

암시식 교수법(suggestopedia)은 로자노프(Lozanov, G.)의 암시학(suggestology) 이론을 외국어 교수법에 응용한 것이다.

외국어 학습자들은 사실 신학기를 맞이하면서 수강하게 될 과목과 교수에 대해 많은 불안과 두려움을 가진다. 또한 새롭게 시작되는 주 그리고 수업이 시작되기 직전, 중간고사와 기말고사 전후와 같이 끊임 없이 수업에 대해 심리적 장벽(anti-suggestive barriers)을 지니고 있다. 이러한 학습자들의 심리적 장벽을 걸어 주면 학습자들은 매우 효율적으로 영어를 습득하게 된다는 것이 암시식 교수법의 주된 내용이다. 이를 위해 암시식 교수법에서는 학습자들이 긴장에서 벗어날 수 있도록 교실 바닥에 붉은 카펫을 깐다든지, 우아한 조명을 설치하고 음악을 틀거나 역할극을 한다든지, 우아한 드레스나 양복을 입는다든지, 벽에 그림을 그린다든지 하는 교사의 노력이 요구된다.

14.6 의사소통적 접근법

　의사소통적 접근법(communicative approach)은 언어의 구조가 아닌 기능 중심의 교육관을 중시한다. 예를 들어 외국어 학습자들의 의사소통 능력 향상을 지향하는 교수법 전반을 일컫는다. 즉 이 말은 외국어 학습자들의 의사소통 능력 향상에 유용하다고 생각되는 교수법은 모두 교실활동에 도입하자는 것이다. 여기에서 'approach'라는 용어가 사용된 것은 구체적인 교수법이 아니라 추상적인 제안을 의미하는 것이다. 즉 학습자의 학습 목적에 부합하는 학습 내용이나 실천적인 전달 능력을 기르는 훈련을 할 수 있도록 하자는 것이다. 이 접근법은 문장(sentence) 단위의 발화가 그 목적이 아니라 담화 단위로 발화를 할 수 있는 프로젝트 활동이나 토론, 논쟁 등과 같이 모둠 활동이나 그룹 활동을 통하여 무엇을 어떻게 말하느냐, 어떤 문제를 어떻게 해결하느냐, 얼마나 유창하게 말을 하느냐에 중점을 둔 교실활동을 지향한다.

제14장 연습문제

1. 자신이 전공하고자 하는 언어, 관심이 가는 언어를 문법 역독식 교수법에 입각하여 가르치는 순서와 방식에 대해서 생각하고 그 결과를 정리해 봅시다.

2. 자신이 전공하고자 하는 언어, 관심이 가는 언어를 구앵식 교수법과 벌리츠식 교수법에 입각하여 가르치는 순서와 방식에 대해서 생각하고 그 결과를 정리해 봅시다.

3. 자신이 전공하고자 하는 언어, 관심이 가는 언어를 음성학적 교수법에 입각하여 가르치는 순서와 방식에 대해서 생각하고 그 결과를 정리해 봅시다.

4. 자신이 전공하고자 하는 언어, 관심이 가는 언어를 구두 연습법에 입각하여 가르치는 순서와 방식에 대해서 생각하고 그 결과를 정리해 봅시다.

5. 자신이 전공하고자 하는 언어, 관심이 가는 언어를 육군특수훈련프로그램, 청화식 교수법에 입각하여 가르치는 순서와 방식에 대해서 생각하고 그 결과를 정리해 봅시다.

6. 자신이 전공하고자 하는 언어, 관심이 가는 언어를 침묵식 교수법, CLL, 전신반응교수법, 자연주의 접근법, 암시식 교수법에 입각하여 가르치는 순서와 방식에 대해서 생각하고 그 결과를 정리해 봅시다.

7. 자신이 전공하고자 하는 언어, 관심이 가는 언어를 의사소통적
   접근법에 입각하여 가르치는 순서와 방식에 대해서 생각하고 그
   결과를 정리해 봅시다.

제14장 주

1) 제14장은 천호재(2012b, pp. 77~93)를 요약한 것이다.

참고문헌

가게야마 다로(影山太郎), 『動詞意味論』, くろしお出版(日本, 東京), 1996.

가메이 다카시(亀井孝), 『言語学大事典-術語編』, 三省堂(日本, 東京), 1995.

가자마 기요조(風間喜代三)·우와노 젠도(上野善道)·마쓰무라 가즈토(松村一登)·마치다 겐(町田健), 『言語学』, 東京大学出版部(日本, 東京), 2004.

가와무라 미쓰마사(河村光雅), 「第8章-世界の言語」, 『言語一般』, 東京法令出版(日本, 東京), 2004.

강범모, 『언어-풀어 쓴 언어학개론』, 한국문화사, 2010.

가와카미 신(川上蓁), 『日本語音声概説』, 桜楓社(日本, 東京), 1992.

고다마 도쿠미(児玉徳美), 「第6章-言内の意味·言外の意味」, 『意味論の対象と方法』, くろしお出版(日本, 東京), 2002.

고이즈미 다모쓰(小泉保), 『言外の言語学』, 三省堂(日本, 東京), 1994.

고이즈미 아키라(小泉保), 『入門語用論研究-理論と応用』, 研究社(日本, 東京), 2001.

구라마타 고이치(倉又浩一), 「第3章-形態論」, 『言語学入門』, 大修館書店(日本, 東京), 1990.

구라마타 고이치(倉又浩一), 「第6章-意味論」, 『言語学入門』, 大修館書店(日本, 東京), 1990.

구라마타 고이치(倉又浩一)·다나카 하루미(田中春実), 「第9章 言語と心理」, 『言語学のすすめ』, 大修館書店(日本, 東京), 1983.

구보조노 하루오(窪薗晴夫)·오타 사토시(太田聡), 『音韻構造とアクセント』, 研究社出版(日本, 東京), 1998.

구보조노 하루오(窪薗晴夫), 『日本語の音声』, 岩波書店(日本, 東京), 1999.

구보조노 하루오(窪薗晴夫), 「2-音韻論」, 『音声』, 岩波書店(日本, 東京), 2004.

구희산, 『영어학입문』, 경문사, 2007.

곤노 도시히코(今野敏彦), 『蔑視語』, 明石書店(日本, 東京), 1988.

군지 다카오(郡司隆男), 『単語と文の構造』, 岩波書店(日本, 東京), 2002.

군지 다카오(郡司隆男), 「第5章-意味と論理」, 『ことばの科学』, 研究社(日本, 東京), 2004.

권재일, 『사동법 실현 방법의 역사』, 한글 211, 1991, pp. 99~124.

긴스이 사토시(金水敏)·이마니 이쿠미(今仁生美), 「意味から談話の構造へ」, 『意味と文脈』, 岩波書店(日本, 東京), 2000.

김정은, 『국어 단어형성법 연구』, 도서출판 박이정, 1995.

김진형·최경애·홍기선·홍성훈·김경란·황보영식, 『영어형태론』, 종합출판사 EnG 2010.

김진호, 『(외국어로서의) 한국어학개론』, 박이정, 2010.

김태엽, 『국어학개론』, 역락(서울), 2008.

나덕렬, 「어른 실어증 환자의 의학적 진단」, 『실어증 환자의 말-언어치료 2』, 군자출판사, 2001

나미키 다카야스(並木崇康), 『語形成』, 大修館書店(日本, 東京), 1997.

나카무라 다모쓰(中村完)·구라마타 고이치(倉又浩一)·히구치 도키히로(樋口時弘)·이에무라 무쓰오(家村睦夫)·시모미야 다다오(下宮忠雄), 「第4章-言語の変化」, 『言語学のすすめ』, 大修館書店(日本, 東京), 1983.

나카무라 다모쓰(中村完), 「第7章-文字論」, 『言語学入門』, 大修館書店(日本, 東京), 1990.

나카무라 마사루(中村捷)·가네코 요시아키(金子義明)·기쿠치 아키라(菊地朗), 『生成文法の基礎』, 研究社出版(日本, 東京), 1996.

나카무라 호신(仲村芳信), 「言語と文化」, 『言語教育学入門』, 大修館書店(日本, 東京), 2003.

나카이 세이이치(中井精一), 『社会言語学のしくみ』, 研究社(日本, 東京), 2005.

노모토 가즈유키(野元和幸), 『現代の論理的意味論』, 岩波書店(日本, 東京), 1988.

노모토 기쿠오(野元菊雄),『ことばと心理』, 三省堂(日本, 東京), 1977.

니시가우치 다이스케(西垣内泰介),「第1章-語のしくみ」,『ことばの科学』, 研究社(日本, 東京), 2004.

니시가우치 다이스케(西垣内泰介),「第3章-文のしくみ」,『ことばの科学』, 研究社(日本, 東京), 2004.

니시가우치 다이스케(西垣内泰介),「第4章-言語習得の考え方」,『ことばの科学』, 研究社(日本, 東京), 2004.

니시다 다쓰오(西田龍雄),「言葉と文字」,『言語学を学ぶ人のために』, 世界思想社(日本, 東京), 1991.

니시야마 유지(西山佑司),「1-語用論の基礎概念」,『談話と文脈』, 岩波書店(日本, 東京), 1999.

다나카 하루미(田中春美),「第1章-言語の働きとその研究」,『言語学のすすめ』, 大修館書店, 1983.

다나카 하루미(田中春美),「第1章-序論」,『言語学入門』, 大修館書店(日本, 東京), 1990.

다나카 하루미(田中春美)·히구치 도키히로(樋口時弘)·이에무라 무쓰오(家村睦夫)·이가라시 야스오(五十嵐康男)·구라마타 고이치(倉又浩一)·나카무라 다모쓰(中村完)·시모미야 다다오(下宮忠雄)·다나카 사치코(田中幸子),『現代言語学辞典』, 成美堂(日本, 東京), 1992.

다이라 다쓰오(平良辰夫),「言語と脳」,『言語教育学入門』, 大修館書店(日本, 東京), 2003.

도다 다카코(戸田貴子),「第1部-日本語教育と音声の関わり」,『日本語教育と音声』, くろしお出版(日本, 東京), 2008.

도도 아키야스(藤堂明保),「言語と文字」,『言語』, 東京大学出版会(日本, 東京), 1967.

류성기,「사동사 사동법의 변화와 사동사 소멸」,『국어학 제22집』, 1992, pp. 237~257.

리타 카터(リターカーター),『脳と心の地形図』, 原書房(日本, 東京), 2004.

마에카와 기쿠오(前川喜久男),「1-音声学」,『音声』, 岩波書店(日本, 東京), 2004.

마쓰무라 아키라(松村明),「言語の変遷」,『言語』, 東京大学出版会(日本, 東京), 1967.

마쓰이 미치나오(松井理直) 「第2章-音声のしくみ」, 『ことばの科学』, 研究社(日本, 東京), 2004.

마쓰자키 히로시(松崎寛)·가와노 도시유키(河野俊之), 『よくわかる音声』, アルク(日本, 東京), 2002.

마치다 겐(町田健)·모미야마 요스케(籾山洋介), 『よくわかる言語学入門』, バベル·プレス(日本, 東京), 1995.

모리구치 쓰네카즈(森口恒一), 「第6章-言葉と社会」, 『言語学を学ぶ人のために』, 世界思想社(日本, 東京), 1991.

민광준, 『한·일 양 언어 운율의 음향음성학적 대조 연구』, J&C 출판사, 2004.

민광준, 『일본어 음성학 입문』, 건국대학교 출판부, 2010.

배태영, 『현대언어학개론』, 서린문화사, 1986.

사다노부 도시유키(定延利之), 「第1章-日本語の諸現象になじむ」, 『よくわかる言語学』, アルク(日本, 東京), 1999.

사이토 고지(斎藤孝滋), 「音声研究の歴史」, 『現代日本語講座 第3巻-発音』, 明治書院(日本, 東京), 2001.

사이토 요시오(斎藤純男), 「現代日本語の音声」, 『朝倉日本語講座③-音声·音韻』, 朝倉書店(日本, 東京), 2004.

사쿠마 가나에(佐久間鼎), 『標準日本語の発音·アクセント』, 恒星社厚生閣(日本, 東京), 1968.

사쿠마 준이치(佐久間淳一)·가토 시게히로(加藤重広)·마치다 겐(町田健), 「第22講-語用論1: 発話の意味」, 『言語学入門』, KENKYUSHA(日本, 東京), 2004.

사쿠마 준이치(佐久間淳一)·가토 시게히로(加藤重広)·마치다 겐(町田健), 「第23講-語用論2: 場面と言語表現」, 『言語学入門』, KENKYUSHA(日本, 東京), 2004.

사키타 도모코(崎田智子)·오카모토 마사시(岡本雅史), 『言語運用のダイナミズム』, 研究社(日本, 東京), 2010.

사토 노부오(佐藤信夫), 『意味の弾性』, 岩波書店(日本, 東京), 1986.

송창선, 「국어 {-이}계 접미사의 타동화 기능 연구」, 경북대학교 대학원 박사학위논문,

1993.

스기모토 다카시(杉本孝司), 『意味論-1: 形式意味論』, くろしお出版(日本, 東京),
1998.

스기모토 다카시(杉本孝司), 『意味論-2: 認知意味論』, くろしお出版(日本, 東京),
1998.

스기시타 모리히로(杉下守弘), 『言語と脳』, 紀伊国屋書店(日本, 東京), 1985.

스에키 다케히로(末木剛博), 「言語と思考」, 『言語』, 東京大学出版会(日本, 東京), 1967.

시미즈 요시아키(清水義昭), 『概説 日本語学·日本語教育』, おうふう(日本, 東京),
2002.

시바타니 마사요시(柴谷方良)·가게야마 다로(影山太郎)·다모리 이쿠히로(田守育啓),
『言語の構造-音声·音韻篇』, くろしお出版(日本, 東京), 1991a.

시바타니 마사요시(柴谷方良)·가게야마 다로(影山太郎)·다모리 이쿠히로(田守育啓),
『言語の構造-意味·統語篇』, くろしお出版(日本, 東京), 1991b.

시라이 겐이치로(白井賢一郎), 「第5章-言葉と意味: 意味論(語彙論)」, 『言語学を学ぶ
人のために』, 世界思想社(日本, 東京), 1991.

아마누마 야스시(天沼寧)·오쓰보 가즈오(大坪一夫)·미즈타니 오사무(水谷修), 『日本語
音声学』, くろしお出版(日本, 東京), 1985.

아베 야스아키(阿部泰明), 「1-意味論の基礎」, 『意味』, 岩波書店(日本, 東京), 2004.

아키모토 미하루(秋元美晴), 「第5章-語構成」, 『よくわかる語彙』, アルク(日本, 東京),
2002.

아키모토 미하루(秋元美晴), 「第7章-語結合·連語·慣用句と比喩」, 『よくわかる語彙』,
アルク(日本, 東京), 2002.

야마나시 마사아키(山梨正明), 『推論と照応』, くろしお出版(日本, 東京), 1992.

오이시 쓰요시(大石強), 『形態論』, 開拓社(日本, 東京), 1994.

오주영·박종갑(1996), 『언어학개론』, 경성대학교 출판부, 1996.

우에하라 사토시(上原聡)·구마시로 후미코(熊代文子), 『音韻·形態のメカニズム』, 研
究社(日本, 東京), 2007.

유자와 다다유키(湯沢質幸)·마쓰자키 히로시(松崎寬), 『音声·音韻探究法』, 朝倉書店(日本, 東京), 2005.

이가라시 야스오(五十嵐康男)·시모미야 다다오(下宮忠雄)·다나카 사치코(田中幸子), 「第6章-言語と社会」, 『言語学のすすめ』, 大修館書店(日本, 東京), 1983.

이가라시 야스오(五十嵐康男), 「第2章-音論」, 『言語学入門』, 大修館書店(日本, 東京), 1990.

이기동, 『영어 동사의 의미(下)』, 한국문화사, 2000.

이기동, 『영어 동사의 문법』, 신아사, 2001.

이기용, 『언어와 세계-형식의미론』, 태학사, 1998.

이노우에 가즈코(井上和子)·하라다 가즈코(原田かづ子)·아베 야스아키(阿部泰明)『生成言語学入門』, 大修館書店(日本, 東京), 1990.

이노우에 게이코(井上京子), 「第6章-意味の普遍性と相対性」, 『認知意味論』, 大修館書店(日本, 東京), 2003.

이누이 도시오(乾敏郎), 「言語の脳科学」, 『言語科学と関連領域』, 岩波書店(日本, 東京), 1998.

이다 하루미(飯田晴己)·나카야마 로쿠로(中山緑郎), 「第4章-語彙·意味」, 『概説日本語学』, 明治書院(日本, 東京), 2003.

이성하, 『문법화의 이해』, 한국문화사, 1998.

이승환, 「실어증 치료의 개관」, 『실어증 환자의 말-언어 치료 2』, 군자출판사, 2001.

이승환·한정주, 「어른 실어증의 진단도구」, 『실어증 환자의 말-언어치료 2』, 군자출판사, 2001.

이시와타 도시오(石綿敏雄)·다카다 마코토(高田誠), 『対照言語学』, 桜楓社(日本, 東京), 1990.

이영헌(李英憲), 『基礎 形式意味論』, 한신문화사, 1995.

이와타 마코토(岩田誠), 「脳における言葉の座」, 『言語とコミュニケーション』, 東京大学出版会(日本, 東京), 1998.

이에무라 무쓰오(家村睦夫), 「第8章-歴史·比較言語学」, 『言語学入門』, 大修館書店(日

本, 東京), 1990.

이익섭·장소원, 『국어학개론』, 한국방송통신대학출판부. 1997.

이정민, 『言語理論과 現代科學思想』, 서울대학교출판부, 1998.

이정복·양명희·박호관, 『인터넷 통신 언어와 청소년 언어문화』, 한국문화사, 2006.

이정식, 『다의어 발생론』, 도서출판 역락, 2003.

이태영, 『국어 동사의 문법화 연구』, 한신문화사, 1993.

이필환, 『영어의 통사 변화-부정과 대명사와 부정사를 중심으로』, 한국문화사, 2007.

존 라이언즈(John Lyons)·곤도 다쓰오(近藤達夫) 역, 「第Ⅴ章-意味論」, 『言語と言語學』, 岩波書店(日本, 東京), 1999.

진 에이치슨(Jean Aitchison), 「제2부 내부 원-6 낱말 및 낱말의 조각」, 『언어학개론 Linguistics(teach yourself)』, 임지룡 번역, 한국문화사, 2003.

조오현·김용경·허재영·박동근, 『한국어학의 이해』, 소통, 2008.

조 하쿠타로(城生佰太郎), 『言語学は科学である』, 情報センター出版局(日本, 東京), 1990.

차미아, 『(전공영어) 영어학』, 이든북스, 2012.

천호재, 「語形成二重メカニズム仮説と失語症」, 『日語日文学研究』, 韓国日語日文学会, 2005, 55집 1호: pp. 541~560.

천호재, 『의미수동화조작의 보편적 특징』, 한국문화사, 2012a.

천호재, 『일본어 교육론』, 어문학사, 2012b.

천호재, 한국인 일본어 학습자의 수수표현 습득 양상, 『일어일문학』, 대한일어일문학회, 2013, 57: pp. 217~232.

최임식·김영근, 『(독학사를 위한) 국어학개론』, 문창사, 2001.

하기와라 히로코(萩原裕子), 「脳におけるレキシコンと統語の接点」, 『文法理論:レキシコンと統語』, 東京大学出版会(日本, 東京), 2002.

하라구치 쇼스케(原口庄輔)·나카무라 마사루(中村捷), 『チョムスキー理論辞典』, 研究社出版(日本, 東京), 1996.

하야시 오키(林大)·구니히로 데쓰야(国広哲弥)·스즈키 다카오(鈴木孝夫), 『日本語の意

味·語彙』, 学生社(日本, 東京), 1975.

호리에 가오루(堀江薫)·프라샨트·파르데시, 『言語のタイポロジー』, 研究社(日本, 東京), 2009.

홍민표(洪珉杓), 『日韓の言語文化の理解』, 風間書房(日本, 東京), 2007.

홍성심, 『영어학강의』, 한국문화사, 2001.

후나야마 추타(船山仲他), 「第4章-言葉と文法-統語論」, 『言語学を学ぶ人のために』, 世界思想社(日本, 東京), 1991.

후루타 도사쿠(古田東朔)·야마구치 아키오(山口明穂)·스즈키 히데오(鈴木英夫), 「第4章-語彙」, 『新日本語概説』, くろしお出版, 1987.

후지사키 히로야(藤崎博也), 「Ⅱ-言語音声の物理」, 『言語』, 東京大学出版会(日本, 東京), 1967.

후카다 치에(深田智), 「第4章-多義性」, 『認知意味論』, 大修館書店(日本, 東京), 2003.

후카다 치에(深田智)·나카모토 고이치로(仲本康一郎), 『概念化と意味の世界』, 研究社(日本, 東京), 2008.

후쿠자와 슈스케(福沢周亮), 「Ⅴ章-一般意味論と心理学」, 『一般意味論』, 河野心理教育研究所出版(日本, 東京), 1974.

호소가와 고메이(細川弘明), 「第7章-言葉と文化」, 『言語学を学ぶ人のために』, 世界思想社(日本, 東京), 1991.

히구치 고이치(樋口康一), 「第9章-言葉の歴史と系統-歴史·比較言語学」, 『言語学を学ぶ人のために』, 世界思想社(日本, 東京), 1991.

히구치 도키히로(樋口時弘)·이가라시 야스오(五十嵐康男), 「第2章-言語の単位」, 『言語学のすすめ』, 大修館書店(日本, 東京), 1983.

히구치 도키히로(樋口時弘)·나카무라 다모쓰(中村完), 「第7章-言語と文化」, 『言語学のすすめ』, 大修館書店(日本, 東京), 1983.

히구치 도키히로(樋口時弘), 「第4章-統語論」, 『言語学入門』, 大修館書店(日本, 東京), 1990.

Adrian, *Akmajian Linguistics: an Introduction to Language and communication*, MIT Press, 1990.

Bloomfield, *Language*, Allen and Unwin LTD, 1950.

Brigitte Schlieben Lange, 『社会言語学の方法 *soziolinguistick-Eine Einführung*』, 原聖・糟谷啓介・李守訳(日本, 東京: 三元社, 1990).

Collins Cobuild(John Sinclair, Editor in Chief), *English Dictionary*, Harper Collins Publishers, 2000.

David Crystal, *Linguistics*, Penguin Books, 1980.

Edward Sapir, 『言語 ことばの研究 *LANGUAGE An Introduction to the Study of Speech*』, 泉井久之助訳(日本, 東京: 紀伊國屋書店, 1987).

Georgia M. Green(ジョージア M. グリーン), 『プラグマティックスとは何か-語用論概説 *Pragmatics and Natural Language Understanding*』, 深田淳訳(日本, 東京: 産業図書, 1992).

Lee, Kee dong, 『*A Korean Grammar on Semantic-Pragmatic Priciples*』, 한국문화사, 1997.

Leech, Geoffrey N., 『語用論 *Principles of Pragmatics*』, 池上嘉彦・河上誓作訳(日本, 東京: 紀伊国屋書店, 1991).

Napoli, Donna Jo, *Linguistics*, Oxford University, 1996.

Jenny Thomas(ジェニー・トマス), 『語用論入門 *An Introduction to Pragmatics*』, 田中典子・津留崎毅・成瀬真理訳(日本, 東京: 研究社, 1995).

J. M. Edie, 『ことばと意味 *SPEAKING AND MEANING*』, 滝浦静雄訳(日本, 東京: 岩波現代選書, 1980).

John Lyons, 『言語と言語学 *Language and Linguistics*』, 近藤達夫訳(日本, 東京: 岩波書店, 1999).

Ray Jackendoff, 『마음의 구조-언어를 통해 본 인간의 본질』, 이정민・김정란 역(서울: 태학사, 2002).

Ray Jackendoff, 『言語の基礎:脳・意味・文法・進化-*Foundation of Language:*

Brain, Meaning, Grammar, Evolution』, 郡司隆男訳(日本, 東京: 岩波書店, 2006).

R. H. Robins, 『言語学史 *A short History of Linguistics*』, 中村完·後藤斉訳(日本, 東京: 研究社出版, 1992).

Stephen C. Levinson, 『英語語用論 *Pragmatics*』, 安井稔·奥田夏子訳(日本, 東京: 研究社出版, 1990).

색인

언어의 이해

초판 1쇄 발행일 2013년 11월 28일

지은이 천호재
펴낸이 박영희
편집 배정옥·유태선
디자인 김미령·박희경
인쇄·제본 태광인쇄
펴낸곳 도서출판 어문학사
　　　서울특별시 도봉구 쌍문동 523-21 나너울 카운티 1층
　　　대표전화: 02-998-0094/편집부1: 02-998-2267, 편집부2: 02-998-2269
　　　홈페이지: www.amhbook.com
　　　트위터: @with_amhbook
　　　블로그: 네이버 http://blog.naver.com/amhbook
　　　　　　 다음 http://blog.daum.net/amhbook
　　　e-mail: am@amhbook.com
　　　등록: 2004년 4월 6일 제7-276호.

ISBN 978-89-6184-317-1　93700
정가 15,000원

이 도서의 국립중앙도서관 출판시도서목록(CIP)은 e-CIP홈페이지(http://www.nl.go.kr/ecip)와
국가자료공동목록시스템(http://www.nl.go.kr/kolisnet)에서 이용하실 수 있습니다.
(CIP제어번호: CIP 2013023758)

※잘못 만들어진 책은 교환해 드립니다.